LIDERAZGO

El poder de la creatividad

LIDERAZGO

El poder de la creatividad

Rick Joyner

Buenos Aires - Miami - San José - Santiago

www.editorialpeniel.com

Liderazgo, el poder de la creatividad
Rick Joyner

Publicado por:
Editorial Peniel
Boedo 25
Buenos Aires C1206AAA - Argentina
Tel. (54-11) 4981-6034 / 6178
e-mail: info@peniel.com.ar

www.editorialpeniel.com

Originaly published in english
under the title: *"Leadership, the power of a creative life"*
MorningStar Fellowship church
Moravian Fall, NC. 28654
P.O. Box 339
Phone 336 6512400
www.morningstar ministries org.

Copyright © 2003 by Richard O. Joyner
All rights reserved

Traducido al castellano por: Karin Handley
Copyright © 2004 Editorial Peniel

Diseño de cubierta e interior: arte@peniel.com.ar

ISBN N° 987-557-048-6

Edición N° I Año 2004

Ninguna parte de esta publicación puede ser reproducida en
ninguna forma sin el permiso por escrito del autor o la editorial.

Todas las citas bíblicas son tomadas de la Biblia Reina Valera, revisión 1960.

Impreso en Colombia
Printed in Colombia

Contenido

	Prólogo	7
Capítulo 1	El fundamento del poder	11
Capítulo 2	El poder del movimiento	17
Capítulo 3	Los que lo logran	23
Capítulo 4	Cinco características esenciales para el logro	29
Capítulo 5	El éxito habitual	39
Capítulo 6	El fin de las trincheras de guerra	43
Capítulo 7	Encuentre su propósito	49
Capítulo 8	El liderazgo que le da forma al mundo	55
Capítulo 9	El síndrome del Titanic	69
Capítulo 10	Miremos hacia el futuro	77
Capítulo 11	Podemos crear el futuro	89
Capítulo 12	Cultivemos la visión	95
Capítulo 13	El carácter, la voluntad y la sabiduría	103
Capítulo 14	El coraje que cambió al mundo	115
Capítulo 15	Cinco aspectos esenciales para el éxito en el manejo de las cosas	135
Capítulo 16	El producto	143
Capítulo 17	La administración	151
Capítulo 18	El *marketing*	167
Capítulo 19	Los recursos	181
Capítulo 20	El manejo del tiempo	197
	Resumen	201

Prólogo

El liderazgo y la creatividad son dos de las más poderosas fuerzas en la Tierra. Juntas han dictado el camino de la historia. Pueden ser usados para el bien o para el mal, crean un ancho surco en el ámbito humano. Este libro es un estudio de estas dos fuerzas y de cómo pueden ser desarrolladas en su vida.

La semilla para este libro fue en realidad otro libro que escribí, titulado *Leadership, management, and the Five essentials for Success* (Liderazgo, manejo, y los cinco esenciales para el logro.) Para mi sorpresa, ese libro fue uno de los más vendidos. Me pregunté en ese momento si iba a tener el potencial en distribución por el cual yo lo había obviamente hecho, y merecía una revisión.

Este libro contiene todo lo contenido en la versión original para una organización mejor y más fluida, con considerables agregados. También contiene ejemplos históricos y contemporáneos del modo en que los principios enunciados fueron aplicados.

Este libro está escrito en lenguaje para el "lector común". Hice esto porque las más grandiosas almas que hayan caminado en la Tierra, aquellos quienes han subido a los más altos niveles del liderazgo y la creatividad, casi siempre han emergido de la penumbra de lo común, lo usual y lo ordinario. La clave para liberar estas dos poderosas fuerzas de la vida se encuentra usualmente en los intentos, en especial los intentos por encontrar la identidad, que son los sueños más comunes del hombre común y de la mujer común.

La única diferencia entre lo ordinario y lo extraordinario es el "extra". El extra que se requiere para hacer esto puede ser sorprendentemente pequeño. Un pequeño paso puede empezar a abrir caminos. Cada vida común y ordinaria tiene el potencial para no ser común y convertirse en extraordinaria. Este libro se propone darle coraje y resolución para dar estos pasos que lo guían a la plenitud para la cual fue creado.

Una de las grandes preguntas filosóficas es si el tiempo hizo al hombre o si el hombre hace los tiempos. ¿Fue Napoleón un producto de los tiempos en los cuales él vivía, o hizo él de ellos lo que eran? Por supuesto, hay algo de verdad en ambas perspectivas. La historia testifica muy claramente que el hombre hace su propio camino, pero tanto el liderazgo como la creatividad pueden ser desarrollados. Napoleón, y otro cualquier extraordinario líder en la historia, podrían haber pasado inadvertidos para la humanidad si algo no hubiera despertado en ellos.

Este libro dirige estas dos fuerzas del liderazgo y la creatividad juntas, porque ellas no solo están relacionadas entre sí, sino que son inseparables. El verdadero liderazgo es imposible sin la creatividad, y la creatividad es liberada a través del liderazgo. Cuanto más claramente entendamos la conexión entre estas dos, tanto más listas estarán para ser liberadas en nuestras vidas. Aún así, uno puede poseer gran liderazgo creativo y ser rebajado a fallar, a menos que se combine esto con la tercera fuerza que toda búsqueda humana requiere: habilidades efectivas en el manejo.

La mayor meta de este libro es liberar el poder del liderazgo creativo en una forma que asegure éxito positivo y duradero a lo largo del manejo efectivo. El rey Salomón –a quien se menciona en la Biblia como el hombre más sabio que haya vivido en la Tierra– escribió: *"Y si alguno prevaleciere contra uno, dos le resistirán; y cordón de tres dobleces no se rompe pronto"* (Eclesiastés 4:12). El liderazgo, la creatividad, y el manejo son tres características que pueden formar una cuerda. Por sí misma, cualquiera de estas puede ser vencida muy simplemente. Unidas de la forma correcta, se vuelven una fuerza poderosa y efectiva que es casi invencible.

Puede preguntarse con todo derecho cuáles son mis credenciales por escribir sobre estos temas. Primero, mis experiencias en la vida son los cimientos de lo que he escrito. Fui criado en condiciones que podrían haberme limitado a una vida de mediocridad o fracaso, pero a través de la aplicación de estos principios, ahora tengo un camino de logros significativos. Cuando mi familia se desintegró, mi educación formal paró en noveno grado. Llevo escritos una cantidad de *bestsellers*, algunos de los cuales fueron traducidos a casi cuarenta idiomas. Edito y escribo en un cuarto de jornada, cada artículo que se distribuye a suscriptos en cien naciones alrededor del mundo.

Después de convertirme en piloto de aerolínea, construí un negocio de aviación sustancial con muchas caras. Después de mirar a aquellos cuyos negocios fallaban, construí un segundo negocio, también una organización que es bastante exitosa.

Aunque no he aprendido todo sobre los tres temas que hay que saber para el éxito, o las trampas que pueden llevarnos al fracaso, a través de estas experiencias he aprendido mucho, que puede ser de mucha ayuda para cualquiera en un viaje con significado. Además, fui bendecido en el transcurso de mi vida, al conocer a los más exitosos en negocios, deportes, política, milicias, arte y religión.

A algunos llegué a conocerlos bien. Ha sido una de mis metas en la vida el entender grandes logros y a la gente que los han alcanzado. Mis observaciones de la gente exitosa me guiaron a algunas conclusiones únicas e interesantes sobre el liderazgo, la creatividad y el manejo, que son simples y fáciles para trabajar en cualquier situación, desde la familia a una corporación internacional.

En todo lo que he experimentado y observado, se ha hecho obvio que los patrones requeridos para el éxito son siempre los mismos, y son simples. El fracaso es mucho más complicado. Si usted tiene la inteligencia para leer y entender este simple libro, puede ser exitoso en la vida, puede ser un líder, y puede hacerlo con creatividad que impactará a muchos.

Si usted ha tomado este libro y ha leído hasta aquí, se supone que debería tener una mínima esperanza de hacer algo significativo con su vida, o ya fue exitoso y algo lo lleva a alcanzar más grandes alturas. No importa cuál sea el caso, este libro puede ayudarlo.

Antes de seguir, sienta en su corazón que a pesar de sus presentes condiciones, usted puede tener éxito, y a medida que viva puede llegar a más y más altura. Probablemente ha escuchado el dicho que si al hombre se le hubiera dado la oportunidad de volar tendría alas. El hombre tiene alas, pero están en nuestras almas y corazones. Este libro es para ayudarlo a aprender a usarlas, pasando por encima de lo normal y lo usual para vivir en las alturas de la Tierra.

El autor.

Capítulo uno

El fundamento del poder

El poder es la habilidad de tomar fuerzas para lograr un propósito. De todas las maneras posibles para lograr esto, el liderazgo es la más poderosa. Los que entienden los principios básicos del liderazgo son quienes le dan forma al mundo en el cual vivimos, y en un verdadero sentido, reinan sobre él. Aquellos que no entienden el liderazgo y no lo usan, van a ser utilizados por aquellos que sí lo hagan.

Este libro es un estudio de los principios básicos del liderazgo que reina en el mundo. Los principios del liderazgo son fáciles de entender, pero no son tan fáciles de implementar. Si los aprende y tiene la fórmula para usarlos, tendrá su propósito casi completo. Pero si no, no será muy raro que no logre nada significativo.

Porque usar los principios del liderazgo requiere inspiración y coraje, y he agregado a este estudio algunos de los más lúcidos e interesantes ejemplos de cómo se utilizaron con éxito en la historia. Muchos de estos ejemplos son de épicas militares y batallas. Casi todas las vidas exitosas pueden definirse como una serie de batallas peleadas, pero con victoria.

Las batallas militares también tienen consecuencias extremas, con el potencial de vida o muerte para todos aquellos involucrados, así que tienden a demostrar lo mejor y lo peor del liderazgo. Sin embargo, estos mismos principios pueden encontrarse en la construcción de un negocio, equipo de deportes, misión o una iglesia.

¿Qué es un líder?

Nadie es un líder a menos que alguien lo siga. Por eso, el liderazgo es la habilidad de movilizar a otros para lograr una meta común. El liderazgo con éxito es una visión combinada con la fórmula, el coraje y la dureza que toma el lograr esta meta, el insistir con el trabajo hasta que esté terminado.

Siempre va a haber liderazgo. Cuando hay ausencia de liderazgo, ese lugar en blanco va a ser ocupado por otro. Si el noble no reina, el profano lo hará. Los mejores hombres y mujeres en la historia, como así también los más malvados, usaron los mismos principios para el liderazgo. Si el mal permanece en un lugar o momento, es porque la iniciativa es encontrada mientras el bien titubeó. Cuando el bien permanece, es porque el bien encuentra la iniciativa y la guía.

Se dice que hay tres clases de personas en el mundo:

1. Aquellos que hacen que las cosas pasen.
2. Aquellos que ven las cosas pasar.
3. Aquellos que se preguntan qué está pasando.

Los líderes provienen de aquellos que saben lo que está pasando, y no se conforman con mantenerse sentados en los límites de la vida y ver a otros determinar sus aventuras. Ellos reconocen las oportunidades y las encuentran con claridad. Los líderes son aquellos que *hacen* que las cosas pasen.

Un estudio hecho por Richard Keider y David Shapiro revela que el mayor miedo que tiene la gente es vivir una vida insignificante. Definir el propósito de uno y alcanzar la plenitud son los más profundos anhelos del alma humana. Fuimos creados a imagen de Dios, y así como Él salió a hacer maravillosas y grandiosas cosas, hay una chispa en cada alma humana para hacer lo mismo. La chispa esta allí, pero, ¿qué vamos a hacer con ella?

Los principios que aparecen en este libro separarán a aquellos que completan su propósito de aquellos que solo pasan la vida soñando con este o, peor aún, quejándose.

El anhelo de hacer algo significativo va más allá de solo obtener fama o fortuna. Aquellos que buscan fama y fortuna se atan demasiado a esto. Estas son metas vagas que mantienen a esos que están preocupados por esto, sin hacer nada significativo. Sin embargo, aquellos que tienen una visión, y la fórmula para completarla, usualmente ganan ambas cosas: fama y fortuna.

Un líder debe moverse con propósito. Cuanto más claro y específico sea el propósito, más claramente puede moverse este líder. El mundo se siente atraído hacia aquellos que saben hacia dónde van. La gente solo va a seguir mientras usted proceda con convicción y la fórmula para completar su propósito. Así, mantener sus propósitos siempre es fundamental si lo que desea es continuar movilizando y motivando. Como Laurie Beth Jones escribió en su libro, *The path* (El camino): "La gente con una misión siempre claramente definida ha guiado a aquellos que no la tienen. O usted vive su misión, o la de cualquier otro".

La pasión del propósito

La mayoría de las personas son como abejas obreras dedicadas a ayudar a completar la visión de otro. Sin embargo, las abejas obreras que trabajan con disciplina y convicción pueden también ser elevadas a la grandiosidad. Un paso primario requerido para el desarrollo del verdadero liderazgo es el de entender que no hay tareas insignificantes. La gente que se vuelve de lo mejor en las mejores cosas, empieza por ser los mejores en pequeñas cosas. Aquellos que hacen cosas grandiosas tienen grandiosidad en ellos, y hacen todo en un estándar mayor, también las que parecen ser tareas insignificantes.

Si usted hace lo que esté haciendo ahora con todo su corazón, y encara cada tarea con esa pasión y devoción a la excelencia, hará cosas grandiosas porque la grandiosidad estará en usted. Puede sentirse y ser despreciado por un tiempo, pero si continúa haciendo todo con excelencia, en poco tiempo su grandiosidad será conocida.

Los que logran poco, usualmente, pasan sus vidas soñando sobre el día de su "gran descanso" que vendrá; creen que su verdadera grandiosidad será entonces conocida en el mundo. Para ellos es como una lotería. Uno en diez millones va a tener tal recreo, disfruta su fama de corto plazo, y luego arde como un barato extintor de incendios.

Los que logran el éxito verdaderamente no juegan tal lotería, ni pierden su tiempo soñando sobre ello. Construyen su vida con estrategia y visión. Si usted no tiene un propósito que es el centro y guía de su vida, este libro buscará primero ayudarlo a encontrarlo, y luego divisar un claro y posible rumbo para completarlo.

Un enemigo llamado "fácil"

Los principios básicos que hacen de uno una persona que logra cosas, sea donde fuere, son los mismos. La razón por la cual muy pocos completan su potencial, es porque hay obstáculos en los caminos que llevan a los logros significativos. Estos obstáculos pueden detener a mucha gente bendecida de lograr hasta propósitos definidos, a menos que tengan la fórmula, el coraje y la dureza para sobreponerse a los enigmas y problemas que se impongan en su camino.

Estos obstáculos parecen haber sido puestos intencionalmente en este mundo, para hacer que los logros sean difíciles. Sin embargo, lo que hace que algo tenga valor es la dificultad para encontrarlo y tomarlo. Pocas cosas que valgan la pena fueron alguna vez fácilmente logradas. Aquellos que escapan de las dificultades carecen de la fuerza que uno debe tener para ser un líder en este mundo. Si busca una fórmula fácil para el éxito, está estudiando el tema incorrecto. El camino hacia el éxito no es nunca sin dificultades, pero los verdaderos líderes podrán vencerlos.

Si va a completar su propósito debe primero decidir ser un luchador, y renunciar a eso no es una opción. Nosotros vamos a examinar los obstáculos comunes que cualquiera parece encarar en su visión. Entenderlos puede ayudarlo, si usted se preocupa lo suficiente por su propósito como para pelear por él. Si la lucha no está en usted, es que o su propósito no vale la pena o usted no vale la pena para su propósito. Si determina que su propósito vale la pena como para pelear por él, entonces aprenda a pelear porque los obstáculos van a venir. No va a ser fácil, pero va a valer la pena.

En un mundo que es crecientemente adicto a la conveniencia y el facilismo, le va a tomar más tiempo la fórmula para ser una persona que logra cosas grandiosas. Sin embargo, parece que las recompensas son también más grandiosas que antes para aquellos que tienen esa fórmula. Entender los obstáculos que cada persona exitosa encara es solo la mitad de la batalla para vencerlos. Aún así, luego de algunas victorias, las batallas ya no serán encaradas con terror. Luego de probar las recompensas de la victoria que viene de la pelea, usted empezará a amar la batalla que solo puede guiarlo a la victoria. Pelear va a volverse la mitad de divertido. La lucha se supone que lo hará un gran hombre para hacer cosas grandiosas. Cada batalla es una oportunidad para salir victorioso y una oportunidad para crecer en el carácter que lo preparará para batallas más grandiosas y también victorias más grandiosas.

El estudio no es sobre información, sino sobre transformación. Aun si ya fuimos exitosos, debemos continuar preguntándonos cómo podemos ser más exitosos todavía. Cualquier cosa que haya dejado de crecer ha empezado a morir. Nuestra meta debe ser la de ser más y más excelentes. Si hemos sufrido derrotas, uno de nuestros mejores logros es no dejar que nos detengan, sino aumentar nuestra fórmula hasta que la victoria definitiva se logre.

Aquellos que han sufrido algunas de las peores derrotas, y no se rindieron, se volvieron unos de los mejores líderes. No importa si usted no entró en esta foto ahora; su meta debe ser ir más alto. Por eso esto es un estudio de las características necesarias para ser exitoso, y de los enormes bloqueos que intentarán detener nuestro éxito.

Los enormes bloqueos, cuando son entendidos, pueden ser nuestras mejores rocas de apoyo hacia el éxito. Thomas Edison falló en mil experimentos antes de ser exitoso en el desarrollo de la lámpara de luz. No se sintió desalentado por sus fracasos, sino los recordó y aprendió de ellos. Sabía que cada uno de los fracasos era necesario para su logro definitivo. Nosotros debemos aprender también a hacer lo mejor de nuestras fallas y derrotas. La sabiduría obtenida de ellas va a ser probablemente requerida para nuestro éxito definitivo.

Mis credenciales

¿Cuáles son mis credenciales para escribir un libro así? He probado en mi propia vida lo que está escrito aquí. Tengo una historia de logros significantes y de éxito. Tengo anotada cada meta que he puesto en mi vida, que haya logrado. Hay aún desafíos más grandes ante mí, pero tengo una lista de éxitos. También tengo unas devastadoras y significantes fallas. He logrado la riqueza, y también sufrido la bancarrota. He navegado a través de cientos de decisiones de vida o muerte para construir un negocio único, solo para tomar una mala elección y deshacerlo todo. Seré tan cándido con mis fracasos como lo soy respecto de tantos éxitos. Hay un campo minado para cruzar en el camino hacia cualquier logro que valga la pena, y ahora sé dónde están muchas de esas minas. El verdadero sabio aprenderá todo lo que le sea posible, tanto de los éxitos como de las fallas de otros, se dará cuenta de que va a haber suficientes obstáculos para sobrepasar, sin agregar aquellos que pueden evitarse. Si usted es sabio no tratará de cubrir sus propios errores, sino que verá en ellos oportunidades para agregar a sus fuentes el más invalorable tesoro de todos: la sabiduría.

Mis sueños se hicieron pedazos muchas veces. Me quedé parado en la cima solo para darme cuenta de que la misma cima era una mina lista para estallar cuando la pisara. Aún así, me volví a levantar para buscar otro camino para subir a la montaña. Cada falla me ha guiado al camino de un logro aún más grandioso. Yo no considero estos logros el resultado de ser más listo o mejor que otros, sino mayormente el resultado de la convicción de que la gracia de Dios viene a aquellos que son lo suficientemente humildes como para aprender de sus errores, mientras mantienen la fórmula para no renunciar.

Si usted es lo suficientemente humilde como para que le enseñen, valiente como para encarar sus batallas y tiene la dureza para continuar sin importar cuán difícil se haga, se mantendrá definitivamente en el lugar de la victoria.

Capítulo dos

El poder del movimiento

En el relato bíblico, el instrumento de Dios para la creación, el Espíritu Santo, estaba en movimiento. El movimiento es necesario para la creatividad y la concreción. Esta es probablemente la razón por la cual los grandes acontecimientos que han trazado el trayecto de la historia suelen llamarse "movimientos". Nada pasa para aquellos que se sientan y sueñan. Si debemos completar nuestros propósitos, debemos aprender a empezar a movernos... y continuar.

El agua que no se mueve se pudre muy rápido. Lo mismo pasa con la vida humana. Mantenerse en movimiento requiere del propósito de continuamente dejar la comodidad y la seguridad atrás. No debemos volvernos adictos a nuestras zonas cómodas, pero sí debemos aprender a ser seguros y francos en el lugar de riesgo. Lo inseguro nunca va a lograr grandes cosas. John Wimber, un gran evangelista de los años de 1980 solía decir: "Fe se deletrea r-i-e-s-g-o". John vivió esta creencia y formó cientos de iglesias por todo el mundo, empezó un movimiento que se esparció en el globo. Lo hizo en un tiempo en el que esto no recibía mucha estima.

Si usted ha experimentado la derrota en forma tal que tiene miedo de intentar nuevamente, este libro puede ayudarlo a empezar una vez más. Quedarse donde está no es una opción. Quedarse en el lugar es una prisión peor que la de sufrir otra derrota. Aquellos que no sufren derrotas, son los que no pelean. Si usted no está en la pelea de la vida, no está vivo: simplemente, existe.

Si trata de ir hacia adelante, puede ser que resulte herido una vez más, pero no es la peor cosa que puede pasarle. La peor cosa de todas las cosas que pueden sucederle en esta vida, es saber que no completó lo que podría haber completado. Como dice el proverbio, "un cobarde muere cien muertes, pero el valiente morirá solo una vez". Tome coraje. Sin importar su presente situación, hay una salida. Sin embargo, la puerta puede ser hallada solo por aquellos que viven con fe: "r-i-e-s-g-o".

El miedo es nuestro más temible enemigo. Nos peleará durante todo el camino. El coraje no es la ausencia del miedo, sino la fórmula para no dejar que este nos diga qué hacer. Si dejamos que el miedo nos enseñe el camino, no llegaremos a nuestra meta. El camino hacia el éxito está marcado para los que ven con los ojos del coraje. El éxito no permite cobardes como compañía, y este libro no fue escrito para el tímido. No escribo para hacerlo sentir bien, sino para contarle la verdad que lo habilitará a completar su propósito.

Tuve el privilegio de conocer a algunas de las personas más exitosas en diversos campos. Observé el éxito desde muchos puntos ventajosos. Entendí que las razones para el éxito son las mismas en cualquier caso, y que son asombrosamente simples.

León Tolstoi, posiblemente el más grandioso novelista de todos, empezó una de sus clásicas novelas, *Anna Karenina*, con una profunda perspectiva: "Toda familia feliz se parece en algo a otra. Cada familia infeliz es infeliz en su propia manera". Podemos decir también que el secreto del éxito es siempre el mismo, pero el fracaso es mucho más complicado. Los principios para el éxito son simples y básicos. Si usted trata de hacerlos más complicados de lo que realmente son, empezará a caer en trampas que a menudo son correctamente llamadas "complicaciones".

La verdadera nobleza

Además de la gente muy exitosa que tuve el privilegio de conocer, también conocí a gente de las nobles familias de Europa. A algunas de estas se les ha sacado el título, sus posesiones y hasta su historia, a causa del comunismo. Aún así, no pudieron arrebatarles su noble carácter. El comunismo murió, pero la nobleza no. Como en la famosa saga de televisión, *Raíces*, de Alex Hayley, estos individuos mantenían su propósito vivo al mantener su historia viva, y ahora tienen un futuro otra vez.

La nobleza fue una institución históricamente abusada. Muchas familias nobles no fueron nada sino nobles en carácter. La verdadera nobleza no es solo tener títulos, propiedades, influencia. Es más importante tener la visión para la nobleza, que es crucial para establecer familias que permanecen nobles generación tras generación. *Raíces* articula la grandiosa verdad de que la verdadera nobleza puede ser encontrada en una familia de esclavos llevados por un propósito noble. Por esa familia fue la libertad que los mantuvo en un camino de destino por generación tras generación, hasta que fue alcanzada. Tener un propósito noble va a sacar lo mejor de nosotros, y puede ser pasado a nuestros hijos.

El deber de la libertad va a ser encontrado entrelazado con todo noble propósito. Como Pablo, uno de los grandes apóstoles escribió: *"Donde está el Espíritu del Señor, allí hay libertad"* (2 Corintios 3:17). Es el mismo principio que Dios estableció cuando plantó el árbol del conocimiento del bien y el mal en el Jardín del Edén. Dios le dijo al hombre que no comiera de él, pero luego le dio la libertad de elegir. Dios no hizo esto para causar la caída del hombre, sino porque no puede haber verdadera obediencia a menos que esté la libertad de desobedecer.

De la misma manera, no puede haber verdadera adoración a menos que esté la libertad de no adorar. No podemos ser quienes fuimos creados para ser, sin libertad y, como la familia en *Raíces*, que nunca se rindió, esta debe ser una aventura básica en nuestras vidas. Es siempre correcto pelear por la libertad.

Somos libres para hacer el bien o el mal, pero debemos también entender que nuestra elección tiene consecuencias. Al hombre le gusta culpar a Dios por el mal que hay en el mundo y, sin embargo, todo mal es el resultado de las elecciones que el hombre toma. Desde el principio Dios le dio al hombre la autoridad para reinar sobre la Tierra, y en ninguna parte vemos que la tome de vuelta. Las consecuencias vienen con la responsabilidad, y sin responsabilidad no puede haber verdadera autoridad. Asimismo, la responsabilidad es también una de las más básicas características del liderazgo. Si nuestra meta es verdaderamente noble, debemos estar comprometidos a usar nobles intenciones para completarla. ¿De qué sirve alcanzar la más grandiosa de las metas si perdimos nuestra nobleza de carácter en el proceso?

La libertad es una característica básica necesaria para el verdadero desarrollo del alma humana. La libertad que debemos tener para ser quienes fuimos creados para ser, no puede ser dada o tomada por un gobierno. Los gobiernos pueden hacer más difícil o más fácil completar sus metas, pero no pueden decir lo que somos en nuestros corazones. Podemos ser esclavos y libres si nuestra visión es mayor que nuestras cadenas. Podemos ser libres, ricos y poderosos, y seguir siendo esclavos si nuestros miedos son mayores que nuestra visión. La verdadera nobleza del carácter no depende de nuestro ambiente, pero sí de nosotros.

Como escribió Charles Dickens: "Estos son los mejores tiempos, y los peores tiempos". Esto parece ser un asalto sin precedentes a cada principio moral del carácter y la nobleza en estos tiempos. Esto que parece asalto sin precedentes en valores, puede ser la mejor hora para la verdadera nobleza. Aquellos con destino y propósito pueden ascender más alto que nunca, porque sus luces brillan más claro en la oscuridad.

La luz tiene poder

Los que tienen luz en su interior conocerán el camino en la oscuridad, y encontrarán cómo dar lugar a un nuevo y brillante día. Cuando abrimos las ventanas por la noche, la oscuridad no entra en nuestra habitación. Nuestra luz, sin embargo, sí sale para iluminar la oscuridad. La luz es más poderosa que la oscuridad, y en última instancia, vencerá. Ahora es el tiempo de encontrar esa luz, y nuestra luz hacia el futuro está en nuestro propósito.

Si tomó usted un libro como este, es porque no está hecho para ser una de las "abejas obreras" que conforman la mayoría de los que van por la vida sin lograr lo que se proponen, frustrados, aburridos. No importa qué edad tenga usted, o cuán complicada sea su vida; su vida puede convertirse en una historia de éxito. También puede tener una herencia de logros que pase de generación en generación. Podrá hacer más que solo leer sobre el éxito de otros; su vida puede llegar a ser como la de ellos.

Si se convierte en uno de los verdaderamente nobles, podrá pasar su resolución y carácter a sus hijos, que a su vez, se la pasarán a los suyos. También contagiará la nobleza de su propósito a otros que lo conozcan. La verdadera nobleza es contagiosa, y se esparce hacia quienes tomen contacto con usted. Vivimos en una época en que la moralidad y la integridad son cosas fuera de moda, lo cual convierte a este momento en el tiempo ideal para que surjan los nobles de verdad.

Fue hecho usted a imagen de Dios, por lo que hay una vocación importante en su vida. De la misma manera en que el Espíritu de Dios debía moverse para crear, necesitamos movernos para que el poder de la creatividad se libere por medio de nuestras vidas. La creatividad es una característica básica del liderazgo. No somos líderes a menos que estemos yendo a alguna parte. Debemos estar en movimiento.

Capítulo tres

Los que lo logran

Una vez me hallaba sentado con Reggie White, escuchando su conversación con uno de los compañeros de su equipo en Green Bay Packers. Hablaban sobre su carrera futbolística. Reggie es, casi universalmente, reconocido como uno de los mejores. Consiguió figurar en el Salón de la Fama. Al oír a Reggie hablar con su compañero, me sorprendió que la conversación se tornara seria. Uno de ellos observó que muchos de los jóvenes que habían conocido podrían haber llegado a ser grandes jugadores. También dijeron que seguramente en cada ciudad habría quien podría haber llegado a superarlos con mucha amplitud, pero que solo se conformaban con soñarlo, sin prepararse para participar del juego organizado. Son los que ven como pasan las cosas.

¿Es cierto esto? ¿Por qué es que tantos de los que tienen el potencial de llegar a ser grandes en lo que sueñan fracasan y no logran tener éxito? ¿Por qué hay tantos que ni siquiera se animan a empezar a jugar?

Es verdad que quienes pueden ser los más grandes, no siempre logran su potencial. Muchos de los que tienen talento para ser grandes músicos, pasan la vida oyendo tocar a otros. Los potencialmente mejores hombres de negocios, artistas, científicos,

23

estadistas, doctores, abogados escritores y ministros, quizá pasen la vida haciendo algo que los aburre, sin dedicarse jamás a aquello para lo que tienen verdadero talento. ¿Por qué? Porque no han comprendido los simples principios que marcan la diferencia entre vivir una vida fructífera y completa, y vivir de frustración en frustración.

Estas son las características que encontramos en las vidas de quienes son exitosos:

1. Definen su objetivo
2. Mantienen la vista concentrada en su objetivo
3. Tienen la sabiduría y la resolución de reunir los recursos o la capacitación necesaria para lograr su objetivo.
4. No se asocian con personas "orientadas hacia los problemas", sino con las personas que están "orientados hacia las soluciones".
5. Se niegan a dejar que los obstáculos los detengan o les hagan cambiar el rumbo.

El propósito de este libro es el de ayudarlo a aplicar estos principios básicos a su situación en particular. Veremos algunos ejemplos que ilustran cada uno de estos principios, desde diversas perspectivas. Cada ejemplo contiene nuevos puntos de vista, pero mantiene la simpleza que puede ayudarlo a aplicarlos a su propia situación.

Conocer estos principios puede ser de gran ayuda, pero no basta. Deben ser más que meros principios, para convertirse en nuestro modo de ser. Esto requiere de repetición, lo cual suele ser aburrido, pero necesario si queremos alcanzar el éxito. Para ser verdaderamente exitosos, debemos elevarnos por encima del mal general que afecta a tantos, que les hace buscar permanentemente algo nuevo con qué entretenerse. Debemos aprender a ser constantes. Es por esta razón que algunos de los principios básicos de este libro, se repiten. No es un error. Mi objetivo no es el de entretener a mi lector, ni el de hacerle creer que es este un buen libro. Es el de ayudarle a lograr su propósito.

Es su destino

Tener un destino implica que hay un Ser Supremo que nos creó para cumplir con algún propósito. Toda persona inteligente sabe que la ciencia moderna ha establecido, más allá de la duda razonable, que Dios existe. Esta puede ser una afirmación que lo sorprenda, pero la ciencia verdadera y la fe verdadera siempre han estado de acuerdo. La pseudo ciencia comienza por la conclusión de que Dios no existe, y tuerce todos los descubrimientos para probar esta premisa. Hay lugar para el debate sobre quién tiene la teología más exacta para explicar cómo es Dios, y qué espera Él de nosotros, pero el hecho de que Dios existe le es obvio a toda persona racional. Como dijo un profesor hace algún tiempo: "La armonía de la naturaleza es tan compleja, tan interrelacionada, que antes podría caer un tornado en un patio y dejar allí un Jet jumbo 747 perfectamente fabricado, que comprobarse que la Tierra apareció por casualidad".

Un científico explicó que si la Tierra estuviera más cerca o más lejos del Sol, tan solo unos milímetros por cada ciento cincuenta, ¡podríamos congelarnos o freírnos! Lo más probable es que la órbita de la Tierra no haya sucedido accidentalmente, que se haya asegurado el lugar exacto en el momento exacto, para que pudiera haber vida aquí. Lo contrario escapa a toda lógica. Cuando agregamos el hecho de que la Tierra tiene una inclinación exacta como para impedir que el hielo se acumule sobre uno de sus lados y provoque la pérdida del equilibrio, llegamos a la conclusión de que si no fuera así, no podría haber vida aquí.

Las posibilidades de que todo esto sucediera al azar, escapan a la razón. Pero cuando uno acumula los fundamentos intrincados e interrelacionados de la vida, unos sobre otros, necesitaría un libro mucho más grande que este para poder enumerarlos a todos. Cualquiera que tenga sinceridad intelectual concluirá que ¡no estamos solos! Hay un Dios con inteligencia mucho mayor a la de todas nuestras computadoras sumadas en una. Dios hizo el universo con belleza, gracia y propósito. Obviamente, le gusta el detalle y la diversidad.

El Creador es indiscutiblemente creativo. En el relato bíblico de la creación, el ser humano fue hecho a imagen de Dios. Es por esto que hay dentro de nosotros un impulso básico a ser creativos, a hacer algo importante con nuestra creatividad. Fuimos hechos de este modo, y no nos sentiremos completos hasta haber utilizado el talento que se nos dio. Jesús dijo que *"El que cree en mí (...) de su interior correrán ríos de agua viva"* (Juan 7:38), lo que equivale a decir que todo lo que esté realmente vivo provendrá de nuestro corazón. Básicamente, lo que realmente queremos hacer desde nuestro "ser interior", es aquello para lo que fuimos creados.

El primer paso para cumplir nuestro propósito, es ser nosotros mismo. El mundo entero intentará moldearnos para que seamos lo que otros quieren que seamos, pero los verdaderos líderes se resisten a esto, y están determinados a hacer de su mundo lo que ellos desean que sea. Fue usted creado para algo, para un propósito, y lo encontrará al descubrir el más profundo deseo de su corazón.

Si ser un atleta es su pasión, entonces deberá decidir que pasará más tiempo ejercitándose, y menos tiempo observando a otros que lo hacen. Si en su corazón está el anhelo de ser músico, deberá decidir ahora mismo pasar más tiempo practicando con su instrumento, en lugar de escuchar a otros. Debe decidir ahora mismo que ya no desperdiciará más tiempo soñando en lo que desea hacer. Debe tener un sueño, pero cuando lo tenga, no puede seguir soñando. ¡Debe actuar!

Una de las diferencias más grandes entre los soñadores y los que lo logran, es que los que lo logran hacen del tedio de la práctica una apasionada oportunidad para crecer en excelencia. No importa lo bueno que sea su talento natural, si practica, será mucho mejor. Para llegar a ser todo lo bueno que puedo ser, cada práctica debe ser vista como una función ante el Rey. Si verdaderamente ama lo que hace, también amará el momento de practicar.

Mi socio, Steve Thompson, dijo una vez: "Todo lo que vale la pena hacer, puede hacerse mal". Esto no tiene nada que ver con dedicarse a la excelencia, sino a la realidad de lo que se requiere para poder lograr cualquier cosa. El mejor pianista del mundo, empezó tocando mal. El mejor jugador de fútbol, comenzó sin saber patear una pelota. Ambos probablemente se hayan sentido avergonzados si los estaban mirando, pero de todos modos, siguieron intentándolo. Soportaron los errores, las malas notas, la repetición aparentemente sin fin, hasta que un día comenzaron a hacerlo mejor. Luego, perseveraron para llegar a la excelencia. Nadie llega a la cima sin dar el paso inicial, sin seguir poniendo un pie delante del otro mientras fuera necesario. Intentan llegar a ser grandes tanto cuando nadie los ve, como cuando hay público, porque la grandeza es su forma de ser.

Capítulo cuatro

Cinco características esenciales para el logro

En este capítulo trataremos con mayor detalle las cinco características comunes a toda persona exitosa. Si vamos a lograr el éxito, estas cinco cosas deben ser básicas como la devoción a la excelencia.

Factor número uno: definir nuestro objetivo

Si pudiera hacer algo, con la garantía de que no fracasará ¿qué cosa haría? Créase o no, la respuesta a esta pregunta probablemente sea lo que se le dio como talento al nacer. Puede necesitar evaluar algunas de las razones por las que desea hacerlo, y el modo de hacerlo, pero la respuesta a esta pregunta puede ser una clave importante para ayudarle a definir su principal objetivo en la vida.

Antes de hacer aquello para lo que tenemos uno o más talentos, necesitamos ser específicos. Quienes tienen objetivos demasiado generales, rara vez los cumplen. Quienes quieren "tener su propio negocio", casi nunca lo logran. Quienes quieren "ser músicos" o "ser políticos", tampoco lo logran, o fracasan al poco tiempo. Sin embargo, quienes inician un negocio porque desean vender un producto o servicio que les gusta, tienen más posibilidades de lograr el éxito. Y quienes se enamoran de un instrumento musical en particular, tienen más posibilidades de ser exitosos músicos. Lo mismo sucede con quien se inicia en la política porque tiene una causa específica por la que luchar.

El paso número uno para lograr el éxito es definir nuestro objetivo con claridad.

Factor número dos: mantener la atención concentrada en nuestro objetivo

Una vez me pidieron que hablara a los Denver Broncos, antes de un importante juego de fútbol un lunes por la noche. La determinación, concentración y resolución en esos rostros era mayor a la que había visto yo jamás en cualquier público. Sabía que era la mirada del éxito, la concentración. Al poco tiempo me pidieron que hablara antes de un juego con los New Orleans Saints. En este equipo también había jugadores con la misma mirada de concentración en su objetivo, pero conformaban solo un tercio del equipo. Sentí que estaban en peligro de perder esa noche, y así fue. El nivel de nuestro éxito se verá determinado por el nivel de nuestra concentración. Del mismo modo, como líderes, el nivel de nuestro éxito se verá determinado por el nivel de concentración que podamos inspirar en quienes nos siguen.

Visité una vez la casa de un amigo que jugaba para los Washington Redskins, para ver el juego contra su mejor rival, los Dallas Cowboys. Aunque era un juego amistoso, mi amigo quería pasar la noche anterior en un hotel con el equipo, para que pudieran concentrarse. Después de años de entrenamiento para llegar al nivel profesional, seguían pasando horas practicando cada día, estudiando jugadas y analizando a su adversario. A medida que se acercaba el día del juego, se separaban de toda distracción potencial. Una vez que llega uno a la cima del éxito, solo podrá permanecer allí mientras siga concentrado, trabajando duro.

La concentración es una habilidad especial. Cuando estamos concentrados, debemos tener la disciplina de seguir estándolo. Es probable que no sea una habilidad natural, que sea una disciplina en la que debemos entrenarnos. Sin esta disciplina, no tendremos muchas posibilidades de llegar a contarnos entre los exitosos.

Las distracciones que hacen que apartemos la atención de nuestro propósito en la vida, pueden provenir de factores positivos o negativos. Muchos no pueden ver más allá de los obstáculos que hay en su camino hacia su objetivo, por lo que se sienten tentados de buscar objetivos más sencillos. Como dijera Harry Truman: "Muchas personas se ven derrotadas por el éxito secundario". Probablemente haya tanta gente que se aparta de su objetivo principal a causa de la distracción, como la haya que abandona a causa de las dificultades.

Albert Einstein dijo: "La responsabilidad prematura da lugar a la superficialidad." Martin Lloyd-Jones, uno de los más grandes teólogos del siglo XX, dijo que el éxito prematuro es una de las cosas más peligrosas que puedan pasarle a una persona. Todo objetivo que se alcance demasiado pronto o demasiado fácilmente, probablemente no sea un logro importante. Decida si está usted en esto con compromiso duradero. El logro de todo objetivo valedero, será más un maratón que una corta carrera.

Cuando haya determinado cuál es su objetivo, deberá decidir que nada lo distraerá hasta lograrlo. Recite este objetivo en su corazón, día tras día. Escríbalo en algún lugar donde lo vea a diario. Por último, su objetivo merece su atención todos los días. Si no se ve atraído a este objetivo diariamente, de modo alguno, probablemente aún no esté en su corazón del modo que debiera estarlo si intenta lograrlo.

Factor número tres:
debe reunir los recursos o la capacitación que necesita para lograr su objetivo

Cuando se tiene una visión clara de nuestro propósito y la decisión de mantenerse concentrado en este, hay más posibilidades de que veamos todo lo que necesitamos para poder lograrlo. El logro de cada objetivo requerirá de preparación, por lo general en forma de capacitación, educación o práctica.

Para reunir los recursos necesarios para el logro de nuestro objetivo, debemos tener un plan. Cuando más importante el objetivo, tanta más preparación y planificación se requiere. Cuanto mejor sea el plan, tanto más probable es que logremos nuestro objetivo. La capacidad para organizar y planificar no es una habilidad usual, pero pocos podrán lograr algo sin ella.

Uno de mis primeros objetivos en la vida fue el de ser piloto profesional. Y una de las primeras cosas que me enseñaron durante mi aprendizaje como piloto, fue lo importante que es tener un buen plan de vuelo. Al graduarme y aprender a volar aviones cada vez más grandes y veloces, tanto más importante era el plan de vuelo. Cuando pasé a volar jets, el plan debía ser mucho más estudiado, porque cubríamos terreno tan velozmente que debíamos hacer cálculos todo el tiempo. Si había que modificar algo, ya tenía que haberlo pensado antes de despegar, para que el cambio fuera posible de modo casi automático. A medida que mejoraba mi capacidad para planificar, me convertía en mejor piloto.

El logro de todo objetivo valedero será difícil, pero no por eso deseamos que sea necesariamente duro. Debiéramos buscar hacerlo lo más sencillo posible, para que las dificultades imprevistas no hagan que quedemos exhaustos al buscar la solución. Es crucial por ello aprender a planificar muy bien. El viejo proverbio dice: "Quien falla al planificar, planifica fallar".

La diferencia principal entre los grandes atletas, músicos, artistas o profesionales en cualquier ámbito, y quienes tienen talentos similares pero solo los observan o escuchan desde la platea o tribuna, es simplemente la capacidad de mantener la atención concentrada en el objetivo, y la devoción por entrenarse, practicar y prepararse. ¡Qué bueno es ver a un bateador ganar la Serie Mundial con un ligero golpe de su bate! Pero para lograr su posición ha debido pasar miles de horas practicando con el bate, soportando el calor, el aburrimiento y las ampollas, día tras día, semana tras semana, año tras año. Por cada segundo que pasan los atletas olímpicos en su evento, han pasado probablemente miles de horas entrenando. Si quiere usted llegar al nivel más alto, es este el precio que deberá pagar. Como dijo Lee Trevino después de que alguien comentara que había dado un golpe de suerte: "Sí, es probable que haya tenido suerte, pero cuanto más practico, tanto más afortunado soy".

No hay duda de que la vida de una persona promedio sería más completa y fructífera –para no decir también más fácil– si se tomaran el tiempo para desarrollar la capacidad de planificar. Porque todo lo que vale la pena hacer, requiere de un plan. Cuanto más importante o difícil sea el objetivo, tanto más debemos planificar. Como en un buen plan de vuelo, tenemos varios puntos que verificar a lo largo del camino. Estos puntos son mini objetivos que debemos lograr mientras avanzamos hacia el objetivo final. Siempre es una recompensa el lograr estos puntos menores, pero recordemos que no son nuestro destino final, así que no nos quedemos demasiado tiempo celebrando el haberlos logrado.

Como piloto, uno de los ítems más importantes en el plan de vuelo es determinar cuánto combustible se necesita para llegar a destino, además de las reservas que pudieran requerirse por emergencias, fenómenos meteorológicos imprevistos y otras contingencias. La posibilidad de que haya eventos imprevistos, es también una de las razones básicas por las que tenemos que planificar. Debemos reunir los recursos necesarios para poder lograr nuestro objetivo al tiempo de tener en cuenta los desvíos o contingencias posibles.

También, como piloto, otro factor importante que determina cuánto combustible necesito serán las condiciones climáticas. Debo tomar en cuenta las condiciones meteorológicas que se me informan, y el modo en que podrían modificarse durante mi vuelo. ¿Habrá tormentas que deba rodear? Sí debe rodearlas, ¿me alejaré poco o mucho? ¿Tendré que manejarme con instrumentos al acercarme a destino? Podrán ser tan malas las condiciones meteorológicas en mi destino, que hagan necesario que me desvíe a otro aeropuerto, y en ese caso, ¿cuál es el más cercano con condiciones meteorológicas adecuadas para aterrizar? ¿Habrá demasiado tránsito aéreo en mi destino, como para que me vea obligado a esperar para poder aterrizar? Todos estos factores podrían determinar la cantidad de combustible que necesite. Debo verificar las condiciones que se informan en mi destino, y las condiciones de los lugares cercanos a mi destino. Cuando mejor me prepare, tanto más confiado me sentiré cuando deba hacer modificaciones inesperadas.

Factor número cuatro: rodéese de personas orientadas a la solución

Uno de los primeros pasos de todo líder exitoso al tomar su nueva posición, será librarse de quien pase más tiempo hablando de problemas que de soluciones.

Cuando el General Ulysses Grant se hizo cargo del Ejército de la Unión en el Potomac, durante la Guerra Civil Norteamericana, este ya había sufrido varias derrotas en manos del General Robert E. Lee y su Ejército Confederado. Los hombres y oficiales se habían condicionado a causa de estas derrotas. Cuando Grant marchó por primera vez contra Lee, hasta sus comandantes le advirtieron varias veces sobre un destino ominoso. En su primer encuentro con Lee, en la Batalla del Desierto, todas las divisiones comenzaron a enviar informes de derrota. Durante todo el día los oficiales de Grant le rogaron que se batieran en retirada, por la seguridad de Washington, antes de que Lee les cortara el paso. Finalmente, cuando ya era obvio hasta para Grant que la derrota era algo cierto, y mientras sus oficiales esperaban la orden para retirarse, ¡Grant los sorprendió al darles la orden de virar hacia el Sur y avanzar sobre Richmond!

Cuando sus generales le pidieron encarecidamente que lo pensara otra vez, le aseguraron que solo les aguardaba un mal destino si no se retiraban inmediatamente. Grant los despidió y se retiró a la soledad de su tienda. Le confió a un reportero que jamás había estado en batalla alguna en donde no pareciera que la derrota estaba cerca en ciertos momentos. Pero creía que en toda crisis hay un momento de oportunidad para la victoria. Esta creencia le permitía ver que si Lee intentaba cortar su retirada hacia Washington, en verdad estaría permitiéndole hacer algo que todos los demás generales de la Unión habían intentado, sin resultado: poner a su ejército entre Lee y Richmond, para poder avanzar sobre el capitolio del Sur. Su "derrota" en la Batalla del Desierto le abría una puerta a su más grande oportunidad.

Cuando Lee se enteró de que Grant no se retiraría después de tal derrota, sino que marcharía al Sur, les confesó a sus generales que el fin de la Confederación se acercaba. Cuando las tropas de la Unión comenzaron a marchar hacia el Sur, de sus filas surgió un grito de victoria. Por primera vez tenían un general dispuesto a pelear. Lee derrotaría a Grant varias veces más, pero a este ni una vez se le cruzó por la mente la idea de batirse en retirada. Nunca les prestó atención a los agoreros. Probablemente jamás haya ganado una batalla contra Lee, pero mantuvo su curso hasta ganar la guerra.

En la Batalla del Desierto Grant despidió a los agoreros de su equipo, para que quienes quedaban oyeran un mensaje claro y potente: debían buscar la forma de ganar, y no la manera de evitar la derrota. Los que quedaron eran líderes optimistas, orientados hacia la solución, que entendieron que la fe equivalía al riesgo. Uno de los principios básicos que debe entender todo líder, es que para ganar y lograr nuestros objetivos, debemos librarnos de las personas que en nuestro equipo se concentren más en el problema que en la solución.

En el relato bíblico del viaje de los israelitas a la Tierra Prometida, enviaron espías antes de iniciar la conquista. Dos de los espías volvieron y dijeron: *"Subamos luego, y tomemos posesión de ella; porque más podremos nosotros que ellos"* (Números 13:30). Diez de los espías volvieron con historias aterradoras de lo grandes que eran los adversarios, y de lo fortificadas que estaban las ciudades. El informe era cierto, pero agregaron que sería imposible conquistar esta tierra. La gente escuchó a los diez que relataban historias de terror, y permanecieron durante cuarenta años dando vueltas por el desierto, hasta que toda esa generación pereció, salvo los dos espías que tuvieron una opinión optimista.

La mayoría de las personas hoy también pasan sus vidas andando en círculos, sin lograr su potencial, sin alcanzar jamás su tierra prometida, porque le prestan más atención a los miedosos que a los fieles. Fiel significa "lleno de fe". Si va usted a cumplir con su destino, necesitará coraje. Rodéese de personas con coraje.

Factor número cinco: niéguese a dejar que los obstáculos lo detengan o lo desvíen de su curso

Algunos de los factores que pueden ayudarle a lograr sus objetivos en la vida, pueden controlarse pero otros, no. Los factores que pueden controlarse incluyen disciplinas tales como: el trabajo duro, tener los objetivos bien definidos, la concentración en esos objetivos y la obtención de los recursos necesarios para alcanzarlos. Quizá el factor más importante para liberar los niveles más altos de logros humanos, sea el que no podemos controlar y que por lo general, hará todo lo posible para que desistamos: ese factor es la adversidad.

El mayor éxito suele costar caro. Lo que cuesta poco, por lo general tiene poco valor. Las personas exitosas en cada área son quienes se niegan a dejar que nada los detenga. No llegará a donde desea llegar sin enfrentar problemas, nadie puede hacerlo. El mundo no es tan justo como para no sorprenderse cuando no se le trate con justicia. Todo lo malo que pueda pasarle, puede hacerlo mejor o peor persona. Quienes se amargan, jamás ganan. Decida que será mejor, y que toda montaña frente a usted será escalada para poder fortalecerse. Quienes mantienen con resolución su curso para cumplir sus objetivos, sin que importen los obstáculos y las desilusiones, son quienes más logran.

El águila es considerada una de las aves más nobles. Pocas aves llegan a volar tan alto. Se dice que todas las criaturas de la naturaleza temen a las tormentas, con excepción de las águilas. Y esto es porque las águilas saben que si se acercan a los vientos contrarios en el ángulo correcto, pueden llegar más alto con menos esfuerzo. Recuerde, todo viento contrario es una oportunidad para volar más alto, pero debemos tomarlo con el ángulo correcto, con la actitud correcta.

Una de las mayores mentiras acerca del éxito, es la creencia de que algunas personas lo logran porque han tenido circunstancias favorables, porque tuvieron "un buen empujón". El utilizar esto como excusa, es uno de los más grandes motivos por el que tantos fracasan. Los obstáculos que enfrentó Reggie White, y casi todo otro jugador profesional en cualquier deporte, fueron generalmente igual de grandes que los que enfrenta cualquier otra persona. Hay muy pocos entre los exitosos que disfrutaron de privilegios especiales. De hecho, cuando a una persona de gran capacidad se le otorgan privilegios especiales, estos suelen obrar en su contra, haciendo que fracasen poco antes de llegar a cumplir su potencial.

Cuando Reggie se inició como jugador de fútbol en la escuela, era el único a quien el entrenador molestaba. A veces, hasta era exigido en demasía, y también golpeado. Finalmente, un día le preguntó al entrenador por qué se empeñaba en molestarlo justamente a él y no a otros. El entrenador le respondió que les había pedido permiso a los padres de los jugadores para hacer esto, y que la única madre que había dado su consentimiento era la suya. Reggie se enojó con su madre, pero el enojo duró solo un tiempo. Ahora sabe que jamás habría logrado ser lo que es, sin la sabiduría de esta mujer que permitió que el entrenador fuera más duro con su hijo que con los demás. Sabía que el dolor y la vergüenza pasajera harían de Reggie alguien mejor, más fuerte. Quizá temamos a las dificultades, pero debemos saber que nos harán mejores personas. Alexander I. Solzhenitsin, el escritor ruso, una vez observó que "Aún la biología nos enseña que el bienestar perpetuo no es bueno para ninguna criatura".

La adversidad hace más por nuestro desarrollo que quizá ningún otro factor. La adversidad nos ayuda a mantener la concentración, a eliminar lo que no es esencial, a dedicarnos a lo que verdaderamente importa. La adversidad hará que el que se dedica de verdad, trabaje aún más duro, haciéndose más fuerte y mejor. Si el éxito llega con demasiada facilidad, nos haremos más débiles a causa de él.

Sabiendo que esto es cierto, y que nuestro propósito es alcanzar nuestro objetivo, no es errado desear llegar allí con la menor cantidad de obstáculos posible. Queremos evitar los problemas innecesarios, pero también debemos tener la resolución de vencer los obstáculos que se presenten, tomándolos como oportunidades para nuestro crecimiento.

Aprecio mucho las comodidades modernas, pero también reconozco que es fácil volverse adicto a la comodidad. He jugado al golf con muchos amigos que prueban un palo tras otro, una pelota tras otra, buscando el "remedio mágico" que les haga mejorar su juego. Como dijo Lee Trevino en un comercial de una nueva pelota de golf: "Esta pelota puede ayudarle a mejorar su juego, si le pega a trescientas pelotas como esta cada día".

Ahora, antes de avanzar, tome una hoja de papel y escriba lo que se aplique a usted respecto de las siguientes cinco características:

1. ¿Cuál es su objetivo?
2. ¿Qué necesita para concentrarse en este objetivo?

3. ¿Qué recursos o capacitación necesitará para alcanzar su objetivo?
4. ¿Hay a su alrededor personas negativas que pasan más tiempo hablando sobre lo que está mal que sobre las posibilidades? ¿De qué modo reemplazará a estos amigos o compañeros por otros que sean positivos?
5. ¿Qué obstáculos pronostica que pudieran impedirle lograr su objetivo? ¿Cómo hará para vencerlos?

Guarde esta hoja de papel. Léala todos los días, tómese el tiempo para estudiar cada punto. Cuídela, por si algún día decide hacer un cuadro con ella.

Capítulo cinco

El éxito habitual

Ricky Staggs es uno de mis mejores amigos. Cuando lo conocí estaba en la cima de su éxito como cantante de música *country*. Luego se le presentaron algunos obstáculos enormes que le hicieron retroceder y bajar de la cima. Nunca se amargó, sino que utilizó cada obstáculo como oportunidad para evaluar sus objetivos futuros, y para planificar un curso de éxito aún mayor, cosa que ha logrado en la actualidad.

Ricky era un niño prodigio. A los seis años, Bill Monroe, considerado el padre de la música *bluegrass*, lo puso en el escenario para tocar junto a él. Bill era perfeccionista como músico, y todo el que participara con él en el escenario debía contarse entre los mejores. A los seis años, Ricky ya era lo suficientemente bueno como para tocar junto a los mejores.

Como lo esperaban todos, Ricky luego se convirtió en uno de los mejores guitarristas que hayan llegado jamás a Nashville. También fue uno de los mejores intérpretes de violín y mandolín. Su música le gustaba a todo el mundo, incluso a quienes no eran amantes de la música *country*. Sus éxitos estaban siempre primeros en la lista. Luego, al aceptar el Premio de Entretenedor del Año de la CMA en 1985, fue más allá de lo políticamente correcto, al reconocer a Dios y agradecer a Jesús por darle el don de hacer música. Algunas personas se ofendieron. Y aunque sus siguientes lanzamientos fueron los mejores en su carrera, no llegaron a vender tanto como para convertirse en éxitos, ni sonaron tanto en la radio como muchos pensaban que lo merecían.

Ricky aceptó estos obstáculos como providenciales, y comenzó a buscar la manera de convertir su derrota en una victoria aún más grande. Encontró más de una manera. Lanzó uno de los *shows* televisivos de música country más exitosos, llamado *"At the Ryman with Ricky Skaggs"* (En el Ryman con RS). Entonces la música *country* era la música más "caliente" del planeta.

Luego Ricky tomó uno de los mayores riesgos de su vida. Los músicos suelen utilizar la música *gospel* y el *bluegrass* como plataformas para llegar con éxito a la música *country*. Ricky amaba la música *country*, pero amaba aún más el *bluegrass* y el *gospel*. Decidió que tocaría la música que más le gustaba, y no lo que fuera popular en ese momento. Al ir en dirección opuesta a la de todos los demás que buscaban el éxito en Nashville, fundó sus propias discográficas de música *gospel* y *bluegrass* para poder cantar lo que le gustaba y producir a otros artistas que él quisiera elegir. El mundo de la música lo observaba, y la mayoría de las personas se sorprendían por su éxito.

Hoy todos los proyectos de su discográfica de *bluegrass "Skaggs Family Records"*, han sido éxitos. Ha recibido tres premios Grammy más, y le va mejor financieramente de lo que le iba antes, cuando grababa para otros. Los artistas más famosos van con él porque sus contratos son justos. Cuando hace poco desayuné con Ricky, estaba estudiando una oferta de una de las productoras filmográficas y discográficas más importantes. Le ofrecían mucho dinero por solo una fracción de sus nuevos sellos. Este es el sueño de muchos dueños de sellos discográficos, pero Ricky estaba por rechazar la oferta simplemente porque no sentía paz con el proyecto.

También es interesante notar que la música *country* ha estado decayendo en popularidad, mientras la música *gospel* y el *bluegrass* crecen. Al seguir lo que le indicaba su corazón, Ricky no solo tomó la mejor ola, sino que además ayudó a crearla. Ahora, aunque

Ricky ha llegado a una edad en que la mayoría cae en creciente oscuridad, es obvio que aún le esperan sus mejores días. Y lo más importante para él es su deseo de hacer lo que hay en su corazón, más que mantenerse en la cima. Y lo hace cada vez mejor.

Nadie permanece en la cima del éxito para siempre, y hasta hay muchos que logran disfrutarla durante muy corto tiempo. Sin embargo, cuando comenzamos a decaer, no es sabio luchar por quedarse en la cima. Recuerde las lecciones que aprendió y que le permitieron llegar allí, y luego busque otro camino para volver a utilizarlas. Muchas personas corren riesgos cuando no tienen nada que perder, pero quienes los corren cuando ya disfrutan del éxito, son los únicos que tienen verdaderas posibilidades de éxito continuado. Por sobre todas las cosas, vaya donde su corazón le indica.

Capítulo seis

El fin de las trincheras de guerra

El verdadero liderazgo siempre es de raza nueva, porque seguir caminos viejos no es liderar, sino seguir. El General John J. Pershing, que comandó las fuerzas de los EE.UU. durante la Primera Guerra Mundial, es uno de los ejemplos más salientes en lo referente al liderazgo como raza nueva. Cuando estalló la Guerra Española Norteamericana, Pershing tenía treinta y ocho años y era Teniente Primero. Muchos de los grandes generales de la historia eran más jóvenes que él en ese momento, aún así, no se quejó porque lo hubieran dejado de lado, sino que se dispuso a ser el mejor Teniente Primero del ejército.

Ganó una Estrella de Plata por su actuación en las Colinas de San Juan, y fue ascendido a capitán. Siguió siendo capitán hasta cumplir los cuarenta y cuatro años. Mientras servía en las Filipinas, al tiempo que los demás oficiales disfrutaban de los atardeceres en los balcones, Pershing estudiaba. Estudió la nación a la que servía, su historia, su cultura, su idioma, todo lo que pudiera ayudarle a ser un mejor soldado en la tarea que le habían asignado. Este es un factor muy importante en la vida de todo gran líder. Durante los momentos en que no hay acción, o los largos años de espera hasta que llegue su momento, no desperdician el tiempo.

El tiempo que Pershing pasó estudiando no minó su resolución, sino que la galvanizó. Aún siendo capitán todavía, estaba decidido a ser el mejor capitán del ejército, preparado para lo que su país necesitara de él. Esta increíble paciencia de Pershing finalmente rindió sus frutos. Cuando Theodore Roosevelt llegó a Presidente, recordó a Pershing por su actuación en la Colina de San Juan, y lo ascendió a él y a otros oficiales al rango de Brigadier General. Apenas un año más tarde, los EE.UU. entraron en la Segunda Guerra Mundial, y Pershing fue ascendido nuevamente; se convirtió en el Comandante Supremo de las Fuerzas Expedicionarias de los EE.UU. en Europa. El hombre que hasta hacía poco había sido un oficial menor, al mando de una sola compañía, sería ahora el encargado de liderar a dos millones de hombres en una de las batallas más importantes de la historia.

Se dice de Pershing que, aunque fuera Teniente, se comportaba como un General. A pesar de que siempre se vio a sí mismo como General, durante los muchos años que podrían haber representado una frustración para un hombre con sus capacidades, no se quejó ni desperdició su tiempo amargándose, sino que siguió preparándose para el día en que lo necesitaran. Por esto, cuando el momento llegó, estaba preparado, y sería incluido en la corta lista de los líderes militares más grandes de la historia.

Cuando los estadounidenses entraron en la Primera Guerra Mundial, los Aliados británicos y franceses ya estaban atascados en una guerra de trincheras, desmoralizadora y costosa, que llevaba ya casi tres años. Habían muerto millones de hombres en los ataques por ganar apenas unos metros de terreno, lo cual, por supuesto, significaba represalias similares.

¿No es este el estado en que se encuentran muchas industrias, gobiernos e iglesias? Muchos están en jaque, confinados a una guerra de trincheras. Hay gran alarde cuando se ganan unos pocos metros de terreno, pero la victoria es corta, porque lo ganado se pierde al poco tiempo.

Cuando se está en las trincheras, si uno levanta la cabeza un poco por encima de las demás, es hombre muerto. Si hoy alguien intenta elevarse por sobre los límites establecidos por quienes solamente están desperdiciándose, rápidamente serán objeto de una multitud de acusaciones e injurias fundadas en los celos. También tenemos un enemigo que hace todo lo posible para mantenernos atrapados en la trinchera. Para él, tenernos en jaque es una victoria. A menudo, nuestra victoria consiste en levantar la cabeza lo suficiente como para ver un poco más allá.

Los ejércitos británico y francés estaban casi exhaustos cuando Estados Unidos entró en la guerra. Toda la estrategia de los líderes aliados consistía en encontrar reemplazantes para sus caídos, que eran muchos. Nadie encontraba una salida. La única esperanza que tenían los aliados era durar más que los alemanes, y quedar con unos pocos hombres cuando los alemanes finalmente se retiraran.

Después de la revolución, cuando Rusia firmó la paz con Alemania, fueron los alemanes quienes repentinamente tenían nuevos refuerzos en su frente oriental, ahora ya en calma. Los aliados estaban quedando sin tropas, por lo que vieron con alivio la entrada de los Estados Unidos en la guerra, como recurso de refuerzos necesarios para continuar poniendo en jaque a los alemanes. Sin embargo, Pershing sorprendió a los comandantes aliados al decir que había decidido que sus tropas no se desperdiciaran en un jaque sin sentido en las trincheras.

Finalmente, los Primeros Ministros de Gran Bretaña y Francia lo llamaron a una conferencia privada, para presionarlo en persona. Querían que aceptara su plan de utilizar las tropas estadounidenses como refuerzos. El General casi mató del susto a los Primeros Ministros cuando se puso de pie, y dijo que ya había tomado en cuenta ese plan, pero que lo rechazaba. Luego, salió de la sala, dejó allí a dos de los hombres más importantes del mundo, mudos y quietos en sus asientos.

Pershing había ido a Europa por una razón: iba a ganar. No desistiría de su posición, y los comandos aliados debieron aceptar su plan, acordando que los estadounidenses pelearan juntos, como una fuerza independiente. Mientras se movilizaban y entrenaban las tropas norteamericanas, Pershing acordó utilizar a algunos como refuerzos temporarios para los británicos y los franceses, pero exigió que le fueran devueltos apenas los convocara. Esta decisión no solo ayudó a mantener las líneas mientras el ejército norteamericano se movilizaba, sino que les dio a muchos soldados la experiencia de batalla que tanto necesitaban.

Cuando los alemanes lanzaron su tan esperada ofensiva, Pershing llamó a sus tropas dispersas, para tristeza de los otros aliados. Los estadounidenses pronto probaron su temple en la batalla, pues ganaron una serie de notables victorias que descomprimieron las líneas británicas y francesas. Pershing sorprendió a los alemanes al montar una gran ofensiva creada por él; irrumpió en medio de las líneas enemigas en solo dos días, hizo que la ofensiva alemana se detuviera por completo.

Pershing no perdió el tiempo en celebraciones por tan grande victoria. Siguió atacando y ubicó más de medio millón de hombres en posiciones del enemigo que los británicos y franceses habían considerado inexpugnables, en los Bosques de Argonne. La batalla fue feroz y continuó durante cuarenta y siete días, con intensidad casi sin precedentes aún en esta sangrienta guerra. Cayeron más de 122.000 estadounidenses, para consternación de la nación, pero aún así, Pershing siguió adelante. Finalmente, los norteamericanos coparon la defensa alemana, y cortaron sus líneas de aprovisionamiento y comunicación. El *káiser* escapó a los Países Bajos, y los alemanes se rindieron pocas semanas después de que pareciera segura su victoria.

El ejército norteamericano sufrió muchas bajas durante un corto período de tiempo, pero no tantas como habría habido si la guerra de trincheras se hubiera prolongado durante meses. Pershing había comprendido esto, y su negativa a pelear la guerra de trincheras rompió el jaque e hizo que ganara la guerra.

Ninguno de los otros comandantes aliados había previsto esta posibilidad de victoria, porque las trincheras los habían condicionado. Pershing era un visionario, y peleaba con un propósito: la victoria. Siguió atacando hasta ganar. En total, el costo de su victoria fue menor que el de las bajas que habría tenido si no hubiera sido tan valiente.

En gran parte, la victoria de la Primera Guerra Mundial debe atribuirse a la increíble resistencia y sacrificio de las fuerzas británicas y francesas. Pershing las honró por lo que habían logrado. Sin embargo, para alguien que había sido relegado a ser un oficial de bajo rango durante tanto tiempo, la oportunidad de liderar causó que demostrara su valía.

Cuando lideran los jóvenes y arrogantes, a menudo llevan al desastre. El coraje es esencial para liderar, pero se necesita mucho más que coraje para ser un líder efectivo y lograr el objetivo. Pershing fue a la batalla por una razón: para derrotar al enemigo y ganar la guerra. Esto requería de coraje, pero también de sabia estrategia. Sabía que los Bosques de Argonne eran geográficamente el punto más fuerte en las líneas enemigas, pero los generales sabios —como los había entre los alemanes— pondrían sus tropas más débiles en dicho lugar, porque allí había menos posibilidad de ser atacados.

Pershing conocía a su enemigo y a sus tropas, y vio la oportunidad de la victoria allí donde nadie más siquiera pensaba mirar.

El liderazgo debe estar dispuesto a mirar más allá de las condiciones presentes, y más allá de lo obvio. El liderazgo siempre debe buscar la manera de ganar.

Capítulo siete

Encuentre su propósito

Es crucial tener una visión específica si vamos a lograr el éxito. Pero nuestra visión será general al comienzo, y se volverá más específica a medida que avancemos hacia el objetivo. Por ejemplo, puede ser que se enamore usted de la música siendo aún muy joven, y que sepa que quiere dedicar su vida a este objetivo. Pero pueden pasar años antes de que sea capaz de enfocar el aspecto de la música para el que tiene usted talento especial, como por ejemplo, tocar un instrumento, componer, etc.

Puede descubrir que tiene pasión por construir cosas. A medida que gana algo de experiencia en materia de construcción, quizá descubra que prefiere la construcción comercial en lugar de la residencial. Luego, quizá descubra que le gusta la ingeniería. De este modo, irá acercándose a su verdadero amor, que casi siempre estará allí donde mayor sea su talento.

En este proceso, vamos descubriendo y eliminando lo que *no* somos, al tiempo de encontrar lo que *sí* somos. A causa de esto, muchas personas que han dejado una marca en el mundo pasaron por un proceso de aparente fracaso antes de llegar al éxito. Entendidas de manera adecuada muchas experiencias que nos parecen fracasos, son solo cambios de curso hacia nuestro objetivo final. Estos cambios de curso deben distinguirse de los que presentan oposición u obstáculos.

Del mismo modo, hay éxitos que pueden significar un cambio de curso. Muchas personas logran su objetivo, para luego descubrir que no era el logro que esperaban. Debemos ver cada día de nuestra vida como una escuela que nos prepara para alcanzar nuestro objetivo. Todo explorador ha llegado alguna vez a desfiladeros sin salida, y retrocedido hasta encontrar el camino adecuado. Esto no debe verse como tiempo perdido. Parte del trabajo de un explorador consiste en hacer un mapa del territorio, para que quienes vengan detrás puedan evitar los desfiladeros sin salida. Quienes dejan su marca en el mundo, no llegan a su destino sin más ni más; abren el camino para que este sea más fácil cuando otros lo recorran más tarde.

Aún así, observaremos que para lograr el lugar de máxima efectividad debemos ver que nuestro camino se endereza a medida que avanzamos. Para lograr alcanzar aquello para lo que tenemos talento, debemos aprender a rechazar las cosas para las que no lo tenemos. Sabiendo quiénes *no* somos, recorreremos el proceso de aprender lo que *sí* somos.

Según mi propio trabajo de investigación, encuentro que hay un reducido porcentaje de personas que trabajan en aquello para lo que estudiaron. ¿Es que desperdiciaron el tiempo que pasaron en la universidad? Por cierto, muchos aprenden cosas importantes mientras estudian aún, si luego deben dedicarse a desarrollar su profesión. Pero ¿cuánto más efectiva podría ser nuestra educación si supiéramos nuestro propósito antes de comenzar? Aprender a identificar nuestro propósito es el primer paso para lograrlo, y no lo habremos encontrado si no tenemos la certeza de que estamos tocando las fibras más íntimas de la pasión que hay en nuestro corazón.

Si vamos a ser líderes y lograr algo importante, debemos conocer nuestro corazón y tener la fuerza de seguirlo. También debemos tener la sabiduría y la madurez que nos permitan distinguir nuestra pasión de las cosas que solo nos agradan, o de lo que es mera fantasía.

Especializarse es crecer

Una vez que estamos en el camino correcto, podemos esperar ver todo más claramente a medida que avanzamos. Si tomamos en cuenta el avance de la civilización, veremos que el progreso implica un patrón de continua especialización. Es por eso que el desarrollo de la línea de montaje, donde diferentes personas hacen solo una parte del trabajo en lugar de que cada uno busque fabricar el producto completo, multiplica la productividad de manera tan impactante. A medida que se perfeccionó la línea de montaje, las diez personas que trabajaban juntas no multiplicaban la productividad diez veces, sino mil. Este desarrollo es hoy uno de los pilares del crecimiento de la civilización, más que cualquier otro factor, y es lo que nos lleva a la era moderna.

Pero es cierto que los empleos en líneas de montaje son aburridos, y es posible que nos alegre ver que los robots reemplazan a las personas en la mayoría de estas posiciones. Eso también es progreso, pero aún si nuestro empleo es monótono y tedioso, si lo hacemos con la pasión conque Miguel Ángel pintaba, encontraremos que nos sentimos mejor. Claro, es posible encontrar grandeza y realización en cualquier cosa que hagamos, y si hacemos todo con esta actitud, seguiremos progresando hacia cosas aún más grandes.

El estudio más básico del mundo demuestra que cuantos más empleos puedan descomponerse en campos de especialización, tanto más efectivo será cada puesto y tanto más rápido se avanzará. Podemos ver esto en la industria, la ciencia, la medicina y hasta en el deporte. Hace doscientos años, el peluquero del pueblo era también cirujano. ¿Cuántos querríamos volver a esa época? ¡Vea cuánto avanzó la cirugía desde que se decidió que debía ser una especialidad!

¡Y vea cuánto se ha avanzado desde que la cirugía también comprendió diversas especialidades según los órganos del cuerpo humano!. Si se necesita cirugía de cerebro, sentiremos más confianza en un neurocirujano que en un cirujano plástico.

La biología básica nos enseña que tan pronto algo viviente deja de crecer, inicia el proceso hacia la muerte. Nuestro objetivo debe ser el avance y el crecimiento continuo, que casi siempre requerirá de especialización y concentración continuas.

Hace muchos años oí a un refugiado cubano que acababa de mudarse a Atlanta. Dijo: "Verdaderamente aprecio los enormes carteles viales que indican cómo llegar a la ruta 85, pero más aprecio los carteles pequeños que avisan que sigue uno aún sobre la ruta 85". Es bueno encontrar el campo general de nuestra vocación, es decir el gran cartel que nos indica cómo llegar al camino que buscamos. Sin embargo, también es importante reconocer los pequeños carteles en el camino que nos indican que seguimos avanzando por la ruta deseada. Un signo primario de esto es la sensación de que nos enamoramos cada vez más de lo que hacemos.

El gran cartel que indica la ruta que debemos tomar, por lo general será el gran amor que se siente por nuestra vocación o emprendimiento. Este amor debe indicarnos la dirección correcta. Los místicos de la antigüedad lo llamaban "el primer amor". Es por esto que un hombre y una mujer primero se sienten atraídos antes de llegar al matrimonio. Sin embargo, el amor cambia en el matrimonio. La gran pasión del comienzo se convierte en algo quizá menos fogoso, pero mucho más profundo y gratificante. Una persona superficial quizá vea cómo se apaga la pasión inicial, como indicio de que el amor se acaba. Pero en realidad, es este el comienzo de una relación aún más profunda.

Lo mismo sucede con nuestra vocación. El objetivo no debe ser el de mantener la pasión inicial, sino el de seguir el camino del amor. Si seguimos en ese camino, habrá momentos de pasión, pero no esperemos que cada día lo sea, porque probablemente no sobrevivamos. La pasión es solo un aspecto del amor, y es importante, pero los signos pequeños a lo largo del camino son también esenciales.

El factor esencial

La fe es el factor primario que separa a los que alcanzan sus objetivos de quienes no lo logran. No es solo la fe en Dios, sino la fe en términos generales. Todos tenemos fe: todo el mundo cree en *algo*. Hay principios de fe que funcionarán para todos por igual, sea que crean en Dios o no. La fe que tenemos determinará el curso de nuestras vidas.

Si tenemos fe en nosotros mismos y en nuestros talentos naturales, probablemente los usemos. Si tenemos más fe en los obstáculos que en nuestros talentos, dichos obstáculos determinarán qué es lo que haremos y qué no. Si tenemos más fe en nuestras debilidades que en nuestros dones, probablemente estas debilidades gobiernen nuestra vida, y seremos perpetuos fracasados. La fe es la fuerza preponderante en nuestras vidas, y será el factor determinante de nuestros éxitos o fracasos.

Puede usted creer o no que Jesús es el Hijo de Dios, pero lo que Él logró no tuvo precedentes en la historia de la humanidad. Vino del pueblo más despreciado, en la nación más despreciada de la Tierra. Luego tomó a las personas menos importantes y más despreciadas en esa nación, y liberó en ellas una fuerza que transformó el mundo al punto que la misma palabra "historia" tiene que ver con su vida. La fuerza que Él liberó en ellos, fue la fe.

La historia muestra que no hay fuerza en la Tierra que pueda detener a la verdadera fe. Jesús les dijo a sus discípulos que si tan solo tuvieran la fe del tamaño de una semilla de mostaza, podrían mover montañas. Estos discípulos movieron no solamente montañas, sino naciones e imperios. Entendieron el principio de la semilla. Si la semilla podía mover montañas, ¿cuánto lograría el árbol crecido?

Junto con el conocimiento de lo que usted quiere hacer, también debe tener la fe de seguir adelante hasta quitar todo obstáculo de su camino. Ese es otro de los objetivos de este libro: sembrar semillas de confianza que crezcan, que le permitan proceder en su curso, con creciente valentía. Necesitará esto para llegar donde quiere ir.

Ahora veremos algunos de los principios más poderosos del liderazgo, que nos permitirán comenzar a crear nuestro futuro.

Capítulo ocho

El liderazgo que le da forma al mundo

Al examinar los principios del liderazgo en profundidad, incluiré también una revisión de algunos principios básicos, y examinaré una cantidad de maneras en que se utilizaron.

Fue una firme comprensión de los principios del liderazgo lo que le permitió a Napoleón, un ignoto soldado de Córcega, tomar una Francia devastada y quebrada por la guerra, para derrotar a las naciones más poderosas de la Tierra, que entonces dominaban a Europa. La gran pregunta de la historia es: "¿Fue Napoleón quien hizo su época, o fue la época la que hizo a Napoleón?" Cuando comprendemos el liderazgo sabemos que Napoleón fue quien conformó a su época. También veremos que cualquier soldado podría haber surgido de entre el montón, y hacer lo mismo que hizo Napoleón.

Solía llamarse a sí mismo el "pequeño cabo". Adolf Hitler era literalmente un pequeño cabo, y jamás fue nombrado oficial, pero de todos modos llegó a dominar a algunos de los más grandes generales de su tiempo. Durante un tiempo, dominó a Europa aún más de lo que logró hacerlo Napoleón en el pasado. Para esto utilizó unos pocos principios básicos del liderazgo, y así superó a los generales y políticos a quienes dominaba.

Como dije antes, si no son las personas buenas quienes utilicen estos principios, lo harán las personas malas. Hitler los utilizó tan bien, que hasta Winston Churchill dijo que si Hitler hubiera muerto en 1938, se le habría considerado uno de los más grandes líderes de la historia. Veamos qué fue lo que logró.

Cuando Hitler llegó al poder, Alemania era una de las naciones más débiles y empobrecidas del mundo. Más del 50% de la población estaba sin trabajo. Después de que el marco alemán cayera hasta representar una trillonésima parte de un dólar estadounidense, finalmente se lo declaró sin valor alguno. La deuda nacional era muchas veces mayor que el Producto Bruto Nacional, y crecía día a día. Las pandillas dominaban las ciudades y el ejército alemán era el más débil de toda Europa. En cuatro años, Hitler no solo recuperó la economía, sino que la hizo la más fuerte del continente. La tasa de empleo llegó al cien por cien, un milagro, por cierto. Y, además, pagó la deuda nacional. Hizo esto mientras reconstruía el ejército alemán y lo hizo uno de los más fuertes del mundo. Churchill tenía razón. Nadie, jamás, logró algo así.

Estos logros hacen que sea más fácil entender por qué los generales y aún los primeros ministros de otras naciones lo admiraran, y tendieran a pasar por alto la oscuridad y la tragedia que este líder también representaba.

Por otra parte, fue mediante el uso de los principios del liderazgo que Mahatma Gandhi, un humilde abogado de la India, quebró la fuerza y la voluntad del imperio más grande del mundo en ese momento, e hizo nacer a una nación. Lo hizo sin disparar un solo tiro, y sin ocupar posición militar o política alguna. Hay distintas maneras de implementar los principios del liderazgo. Como hemos establecido, una de las características básicas del liderazgo, es la creatividad.

Fue mediante el uso de los principios básicos del liderazgo, en combinación con la creatividad de modo inédito, que Robert E. Lee pudo tomar el paupérrimo Ejército Sureño durante la Guerra Civil, y hacer que el mundo se detuviera y maravillara ante sus muchas victorias en contra de increíbles obstáculos.

Jesús fue carpintero, y reunió un grupo de personas comunes, entre ellos a algunos de los más pobres, para dar rienda suelta a la fuerza de cambio más grande que se haya visto en el mundo. Tomó a estas personas aparentemente insignificantes, y las convirtió en ejemplos extraordinarios de liderazgo. Dos de sus seguidores, Pablo y Silas, después de sufrir continua persecución e injuria, sin usar armas ni pandillas de seguidores, lograron que los oficiales del imperio más poderoso de la Tierra sintieran miedo al verlos entrar rengueando en una ciudad, y dijeron: *"Estos que trastornan el mundo entero también han venido acá"* (Hechos 17:6).

Cuando finalmente fue capturado, Pablo escribió unas pocas cartas desde su celda de prisión, que por cierto no son un logro literario importante. Pero aún así, no ha habido palabras que se hayan publicado con más frecuencia, ni distribuido tan extensamente, ni que hayan causado tal impacto en el mundo, como sucedió con estas misivas hoy inmortalizadas en las Escrituras.

Todos estos hombres utilizaron principios básicos de liderazgo. El liderazgo es la fuerza más poderosa que pueda confiárseles a los hombres. Afecta nuestras vidas, todos los días. Comprender el liderazgo es fundamental para entender el mundo en que vivimos, y el modo en que nos insertamos en él. Si entendemos esto podremos vivir más allá de lo ordinario y mundano, para marcar una diferencia en esta Tierra. Si no lo entendemos, el no entenderlo nos condicionará.

Como dije antes, el liderazgo combina varias características que nos hacen perceptivos y efectivos para lograr nuestros objetivos. El líder efectivo no solo tendrá la visión de percibir el futuro; tendrá la sabiduría, el coraje y la determinación para afectarlo. Y el progreso humano es resultado del liderazgo. Nuestro propio progreso dependerá del grado en que lo asumamos.

Liderazgo versus gerenciamiento

Para utilizar el liderazgo de manera adecuada, debemos diferenciarlo del gerenciamiento. Muchas empresas han fallado al confundirlos, porque no llegan a cumplir con su potencial. Tanto el liderazgo como el gerenciamiento son necesarios para la administración de casi cualquier emprendimiento, pero deben reconocerse por separado, y mantenerse dentro de sus correspondientes esferas de autoridad.

Las cualidades que hacen a un buen líder, a menudo no sirven para un gerente. Las cualidades que hacen a un buen gerente, pueden impedir que alguien se convierta en un líder efectivo. Es por eso que el tener características de liderazgo no garantiza que uno llegue a ser un líder "exitoso". Para ser un líder exitoso hay que saber cómo reunir y emplear a buenos gerentes. El no reconocer esta necesidad de depender en quienes tienen diferentes talentos, ha causado que algunos de los líderes más brillantes entusiasmaran por corto tiempo al mundo, para apagarse al poco tiempo porque carecían de cimientos para un éxito duradero.

Los gerentes exitosos se concentran en los detalles; los líderes, en los conceptos, para poder ver la imagen completa. Los buenos líderes no son amantes de los detalles; los buenos gerentes pocas veces pueden ver más allá de los detalles. Por supuesto, hay excepciones a esta regla. Hay gerentes efectivos que tienen capacidad para liderar, y líderes con buena capacidad para gerenciar. Sin embargo, cuanto más podamos dedicarnos a nuestros talentos más fuertes, tanto más efectivos seremos.

El estar demasiado concentrado en los detalles, hace que sea difícil ver la imagen completa. Y del mismo modo, el concentrarse en la imagen completa hace que los detalles no se vean tanto. El liderazgo más efectivo surge de una sociedad entre quienes lideran y quienes gerencian, una sociedad que permite que cada uno pueda concentrarse en el papel que debe desarrollar.

Casi todas las grandes empresas fueron fundadas por un líder, no por un gerente. Aún así, casi toda empresa que sobrevive a su fundador, es luego administrada por un gerente. Hay dos razones básicas para esto:

1) Hay muy pocos líderes que pueden pasar airosos por el desfiladero de la jerarquía.

2) Muchos líderes no son buenos gerentes, y no llegan a entender la necesidad de asociarse con gerentes. En consecuencia, la empresa necesitará desesperadamente un gerente en el momento en que el líder ya no esté.

Cuando el gerente se hace cargo, la rentabilidad y la eficiencia por lo general mejorarán durante un tiempo, pero el progreso cuando un gerente está al mando, será más lento y pondrá en peligro el éxito futuro. Entonces, la organización volverá por lo general a buscar un líder para que la dirija. La mayoría de las organizaciones, como las corporaciones o las iglesias que ya tienen larga historia, constantemente oscilarán entre la dirección de un gerente y la de un líder.

El desfiladero

El sistema de ascensos en una jerarquía típica –la estructura más común en casi toda empresa humana– hace que sea difícil que alguien con buenas cualidades de líder llegue a la posición de liderazgo. Los escalafones más bajos de la jerarquía por lo general corresponden a la capacidad de gerenciar, y no la de liderar. Un líder rara vez será lo suficientemente bueno en materia del gerenciamiento que se requiere para que el sistema progrese, a menos que se dedique a la cualidad que le será más necesaria al momento de llegar a la posición de líder: la disciplina.

El líder debe entender las habilidades de gerenciamiento con concentración en el detalle, que tan extrañas suelen serle, si es que va a trabajar efectivamente con quienes son esenciales para su progreso como líder. El sistema típico de jerarquías será el más difícil para el progreso de un líder, pero quienes logren avanzar estarán mejor preparados para su tarea. Aún cuando resulte tedioso y aburrido, el líder potencial deberá ver a la jerarquía como su capullo. Es la gran lucha de la mariposa para salir del capullo lo que la hace tan fuerte como para poder usar sus alas. Del mismo modo, la lucha del potencial líder por llegar a la cima de la jerarquía, lo prepara para la gran responsabilidad del liderazgo.

La sociedad esencial

El ascenso implica ver más allá de los límites presentes, hacia un reino donde se encuentra el verdadero líder. Esto no es fácil para un gerente. El gerente ve *lo que es*; y el líder siempre mira *lo que puede llegar a ser*. Se requieren ambas cualidades para llegar a la imagen completa que lleva al éxito. Por separado, solo se llega a la mediocridad y el fracaso. Si los gerentes comprenden al liderazgo, y los líderes al gerenciamiento, por cierto habrá menos declinación en el emprendimiento, y tanto el líder como el gerente serán más efectivos.

El trabajo del líder consiste en dar a los gerentes la dirección, la visión y la inspiración. Sin importar cuán bueno sea el líder, será inefectivo si no cuenta con buenos gerentes. Su éxito o fracaso estarán determinados por la calidad de los gerentes que reúna. El discernir la cualidad y capacidad de su gente, y utilizarlos de modo adecuado, es tan importante para lograr un objetivo como tener la capacidad de aprovecharlos de la manera más productiva para la empresa.

El General Lee es considerado uno de los líderes militares más grandes de todos los tiempos. El General "Stonewall" Jackson, y el General James Longstreet eran dos grandes estrategas militares. Como equipo, eran casi invencibles. Era una coalición simple: Lee decidía lo que había que hacer, Jackson y Longstreet decidían cómo hacerlo.

Es muy probable que ninguno de estos famosos generales hubiera logrado lo que lograron, si no hubieran trabajado en equipo. Con Jackson y Longstreet a cargo del gerenciamiento, Lee podía concentrarse en lo que mejor sabía hacer: ver la imagen completa. Si Lee no hubiera estado tan dispuesto a liderar, las capacidades de Jackson y Longstreet para implementar estas estrategias, habrían pasado inadvertidas, o no habrían sido utilizadas. El trabajo en equipo los hizo grandes, al darles la oportunidad de lograr su potencial pleno, en cada caso.

Dichos equipos no son muy frecuentes, pero lo serían si solo tuviéramos la capacidad de darles la oportunidad de desarrollar su potencial y sus cualidades a quienes trabajan con nosotros.

Lee también era un muy buen gerente militar. Y Jackson era, por cierto, un líder sobresaliente. Estas capacidades no eran siempre exclusivas, pero la mayoría de los líderes que logran el éxito, lo hacen gracias al apoyo de talentosos gerentes que les permiten concentrarse en la imagen completa. A pesar de que no son frecuentes las excepciones, dos de los líderes más notables de la historia vivieron en el mismo período y se enfrentaron en una de las batallas militares más grandes de todos los tiempos: Napoleón y Wellington, frente a frente en la Batalla de Waterloo.

Napoleón era un coloso, el tipo de líder que aparece una vez cada doscientos o trescientos años. No solo era un gran genio militar, sino también un genio político. Esta combinación fue la que le permitió dominar la era en que vivió, y además dibujar el curso de la historia futura. Algunas de las innovaciones militares creadas por él fueron el cimiento de estrategias militares posteriores. Algunas de sus innovaciones en materia de política, también sentaron las bases para gobiernos y leyes del futuro.

Liderazgo basado en el gerenciamiento

El genio de Napoleón para la estrategia militar estaba fundado en un profundo entendimiento y aplicación del gerenciamiento militar. Del mismo modo, su genio para el liderazgo político nacía de su profunda comprensión del gerenciamiento político. Napoleón es materia de estudio por su rara combinación de gran liderazgo y excelente gerenciamiento, que llevan al máximo el potencial humano. Los pocos líderes con estos talentos han dominado prácticamente cada uno de los períodos de la historia.

Las estrategias militares innovadoras de Napoleón se basaban en la maniobrabilidad de sus fuerzas. La maniobrabilidad se basaba en sus estrategias de gerenciamiento, referidas al método de aprovisionar a sus tropas. Esto le abrió posibilidades estratégicas que sus enemigos ni siquiera podían imaginar. En términos simples, quienes "llegan primero con más", por lo general logran la victoria militar. A causa de esto, pudo vencer a una fuerza superior y fue capaz de utilizar a un solo ejército para vencer a otros, en una rápida sucesión.

Con la excepción de Arthur Wellesley, duque de Wellington, podría decirse que Napoleón no tuvo parangón en materia de batallas. Pero Wellington, además de ser su contraparte, era mejor líder militar y gerente que Napoleón, a pesar de que en la política no llegaba a igualarlo. De todos modos, quizá fuera quien detuvo a Napoleón porque era el único con capacidad de hacerlo. Hay pocas probabilidades de que dos personas con estas capacidades combinadas vivan en el mismo período de la historia y se enfrenten en el campo de batalla. Matemáticamente, son casi nulas. La batalla de Waterloo sobrepasó toda expectativa de genialidad en materia de liderazgo y gerenciamiento.

Wellington era un oficial británico que había comenzado su carrera militar en India. Ganó cierta notoriedad al ganar batallas y tomar fuertes con inteligencia e innovación. Aún así, no lo respetaban mucho, porque el público despreciaba a sus adversarios. A través de una serie de circunstancias, se le transfirió y otorgó el mando de la Campaña de la Península, en Portugal y España. Mientras los aliados, deprimidos, esperaban poco de esta campaña, Wellington sorprendió al mundo al liberar a Portugal y España, al derrotar a algunos de los mejores generales de Napoleón.

Las victorias de Wellington combinadas con la debacle de Napoleón en Rusia, enviaron a este último al exilio. Con los ejércitos desbandados, Wellington volvió a Gran Bretaña. Al año siguiente Napoleón regresó a Francia, y rápidamente reunió a sus tropas leales y marchó sobre Bruselas. Se le asignó a Wellington la formación de un ejército de aliados, con tropas que hablaban diferentes idiomas y habían sido entrenadas con estrategias disímiles, entre las cuales se hallaban oficiales nombrados por favores políticos, sin entrenamiento militar alguno.

Muy pocos de sus tenientes entendían las estrategias ideadas por Wellington. A causa de estos problemas, y del hecho de que se enfrentaba quizá al más grande de los genios militares de todos los tiempos, con un ejército pequeño, la misión de Wellington parecía imposible. Fue el escenario de una de las más grandes demostraciones de liderazgo militar en toda la historia.

Paz mental, el fundamento de la victoria

¿Cómo puede uno mantener la paz mental en medio de una batalla? La calma de Wellington en la batalla se ha convertido en una leyenda tan importante como sus innovaciones militares. En una ocasión, luego de dar órdenes para hacer lo que él sentía que lo llevaría a la victoria, lo encontraron plácidamente durmiendo una siesta en el campo de batalla. La noche antes de Waterloo, con Bruselas en pánico, incluso asistió a un baile de gala. Algunas de sus victorias se atribuyeron directamente a su entrada en medio del fragor de la lucha, para dirigir a sus tropas. Jamás se inmutó al ver que caían los hombres a su alrededor. Wellington reconocía que la paz mental que tenía en medio del conflicto era sobrenatural, un regalo que venía de arriba. En Waterloo también necesitaría liderazgo y gerenciamiento sobrenaturales.

Justo al sur de Bruselas, ciento cincuenta mil hombres se enfrentaron en un territorio de menos de ocho kilómetros cuadrados.

Napoleón sentía desprecio por el "general cipayo" con quien se enfrentaba ese día. Casi parecía aburrido por la batalla por venir, y esperaba con ansias la hora de la cena esa noche en Bruselas.

La arrogancia: cimiento para la derrota

Además de despreciar la capacidad de su adversario, Napoleón sabía que llevaba ventaja numérica, en cuanto a tropas y armas. Durmió hasta tarde, ordenó a sus tropas con displicencia e inició la batalla después de las once. Quizá haya sido esta demora la única falla estratégica de Napoleón ese día, pero fue todo lo que necesitó Wellington.

Un dicho bíblico dice: *"Antes del quebrantamiento es la soberbia, y antes de la caída la altivez de espíritu"* (Proverbios 16:18), y eso explica la caída de muchos de los grandes líderes de la historia. En Waterloo, Napoleón refrendó esta verdad. Las victorias pasadas pueden ser la semilla de la destrucción, si producen arrogancia.

El Sol ya estaba alto cuando Napoleón ordenó a su artillería que atacara con los cañones, de manera casi inusitada. Luego se desató una tormenta en el campo de batalla, que casi ahogó a los cañones, lo que desconcertó a los franceses. Este fenómeno había acompañado ya a Wellington en algunas de sus más resonantes victorias; él llamaba a estas tormentas "el dedo de Dios". El diluvio ablandó la tierra de tal modo que las balas de cañón eran casi inofensivas, porque se hundían en el barro. El barro también redujo la maniobrabilidad de las tropas para Napoleón. Fue el comienzo de una serie de "milagros" que necesitaría Wellington.

Pero no fueron solamente los milagros los que lo salvaron; era un hombre preparado para tomar y aprovechar de manera brillante toda gota de ayuda que le llegara.

Las crisis: el capullo de los grandes

Durante todo el día los aliados heridos fueron entrando en Bruselas. Cada grupo nuevo traía el mismo informe: Wellington estaba derrotado y los franceses le pisaban los talones. En realidad, era entendible que informaran esto, ya que cualquiera que hubiese estado en el campo de batalla habría dicho que ya no tenían esperanzas de vencer. Más tarde, uno de los generales dijo: "Desde el mediodía y hasta último momento, todo lo que sucedió fue una larga crisis".

Fue bajo tal presión que Wellington rindió al máximo. Parecía omnipresente. Siempre estaba en el lugar de la crisis, dirigiendo y convocando a sus hombres. Tenía en mente la imagen completa de la batalla mientras personalmente dirigía a los regimientos por separado. Llevaba un registro de cada "peón" movido en este juego de ajedrez mortal. Siempre parecía moverse en el momento justo, con la cantidad de hombres necesaria y con apenas una posibilidad de escapar al desastre. Luego de tapar un agujero, iba hacia el otro extremo del campo, donde sospechaba que había una emergencia. Y, por lo general, encontraba lo que imaginaba. Un hombre de menor valía se habría rendido diez veces ese día. Napoleón era brillante al aprovechar cada oportunidad, pero una y otra vez, a último momento encontraba un obstáculo.

Para la media tarde, Napoleón comenzó a sospechar que este "general cipayo" tenía capacidad. Esa mañana Napoleón les había dicho a sus hombres que habría casi un noventa por ciento de posibilidades de que entraran en Bruselas para el atardecer. Por la tarde, debió comunicarles que ahora las posibilidades eran de un veinte o treinta por ciento.

Finalmente el General Ney, del ejército de Napoleón, sorprendió a los aliados al tomar terreno en medio de la posición de Wellington. Este era el desastre más temido por los aliados. Napoleón astutamente siguió el curso de esta ventaja, con lo que sería seguramente el golpe de gracia: envió a su famosa Guardia Vieja hacia el agujero en medio del centro de Wellington.

En sus muchas batallas la Guardia Vieja jamás había sido repelida. Ambos ejércitos cruzaban sus miradas ante la posibilidad del ataque masivo. Wellington quizá haya sido el único que pensaba que aún tenía posibilidades. Sorprendentemente, se lo veía tan calmo y confiado como siempre. Un disparo de cañón cruzó por encima de su caballo y le cortó la pierna a su segundo jefe. Wellington simplemente extendió la mano para saludar al hombre, expresándole sus condolencias, y salió al galope hacia otro punto del campo de batalla.

Mientras la Guardia Vieja se acercaba al centro de la posición de Wellington, este hizo señas con la mano y un regimiento apareció desde detrás de una pared de piedras: disparaba contra los franceses. Luego, de en medio de un campo de maíz salió el regimiento del Coronel Colborne. El general de Colborne se acercó al galope para preguntar cuál sería el siguiente paso. Colborne dijo simplemente: "Haré que esa columna sienta nuestro fuego". En ese momento se acercó el mensajero de Wellington, para indicarle a Colborne que avanzara desde el maizal.

Durante todo el día Wellington había mantenido en mente la posición de cada brigada y cada regimiento. A pesar de las crisis en las que podría haber utilizado a este regimiento, resistió hasta que llegara el momento *perfecto*.

La batalla por el centro se convirtió en un caldero de muerte. La Guardia Vieja sintió el fuego de Colborne, y comenzó a debilitarse. En ese punto Colborne oyó una voz a su lado que le decía: "Prosiga, presione. Lo está logrando, siga presionando". El coronel giró la cabeza para ver quién le hablaba, y se sorprendió al ver que se trataba del mismísimo Wellington.

Todo el ejército francés comenzó a murmurar al ver algo jamás visto antes: las perfectas formaciones de la Guardia Vieja se desintegraban y sus hombres dejaban sus posiciones, escapaban en desorden. Después de haber empujado los límites durante todo el día, la más desesperada crisis de Wellington se había convertido en una mínima oportunidad para la victoria. Y él la había aprovechado. Envió a las pocas reservas a luchar, y en el momento justo la división belga llegó al lugar.

Unos momentos antes la situación había parecido totalmente imposible, pero ahora el ejército francés comenzaba a colapsar. Las reservas de la Guardia Vieja formaron cuadros y se juntaron para proteger la retirada. Una vez rodeados, se les pidió la rendición y su respuesta fue: "La Guardia Vieja muere pero no se rinde". Murieron, y con ellos murió el poder de Napoleón sobre Europa.

Al atardecer había más de cincuenta mil hombres muertos. Más de una docena habían estado con Wellington esa mañana: y esa noche él cenó con el único ayudante que le quedaba. No sentía entusiasmo ni excitación por la victoria. Al mantenerse impávido frente a sus propios logros, simplemente manifestaba haber hecho lo que cualquier otro hubiera hecho en la misma posición. Wellington era un hombre muy humilde. Si sucumbía a la exageración, era en cuanto a sus debilidades y no a sus logros. Los que son grandes de verdad no necesitan hacer sonar su propia trompeta, porque otros lo harán por ellos.

Napoleón sufrió la derrota a causa de su arrogancia. Wellington tenía confianza, pero no era arrogante. Es esta una diferencia que todo gran líder llega a comprender. La confianza efectiva se basa en una humildad que provee la perspectiva adecuada de las circunstancias. Wellington creía en su destino, y por eso tenía la capacidad de mantener la calma aún estando bajo terribles presiones.

Quizá no haya habido otro hombre en la historia que haya tenido que enfrentar tantas crisis en un mismo día, con tanto en juego, y con tal acierto para lograr la victoria. Aún el error más pequeño, la vacilación más insignificante para reaccionar ante una sola de esas crisis, podrían haber sido fatales para su ejército y para toda Europa.

La verdadera prueba del liderazgo siempre llega en las crisis, y las habrá en el camino de todo líder. Casi todas las personas de negocios tendrán que tomar una decisión crucial tarde o temprano. A menudo, los más exitosos serán quienes deban tomar este tipo de decisiones con mayor frecuencia. Cuanto más grande sea el potencial de éxito en dichas decisiones, tanto mayor será el potencial de fracaso.

Todo entrenador tendrá partidos que signifiquen la victoria o la derrota. Cuanto más exitoso sea el entrenador, tantas más serán las veces en que deba decidir, y tanto más alta será la apuesta. Puede no llegar a ser difícil la decisión, cuando hay poco en juego. La diferencia entre las decisiones grandes y las otras, es la capacidad de decidir en momentos de crisis en donde la apuesta es más alta.

La derrota: base para la futura victoria

Una vez logré construir un negocio exitoso en muy poco tiempo. Para lograrlo debí tomar muchas decisiones que podrían haber significado la muerte o la vida de mi emprendimiento. Tomé varias decisiones que me dieron altos dividendos. Y luego tomé una decisión equivocada que finalmente llevó a la empresa a la bancarrota. Fue un fracaso doloroso y humillante, pero lo considero una de mis experiencias más valiosas. Aprendí más en esta derrota que en todas las otras victorias juntas.

El jugador de béisbol que se para en su puesto preparado para ser un héroe, también puede terminar siendo un chivo. Así como Wellington convirtió la peor derrota del día en una gran oportunidad para la victoria, debemos mantenernos resueltos para lo mismo. Al conservar la paciencia y la calma en medio de una crisis, por lo general veremos la oportunidad de utilizar la situación para ventaja nuestra.

En la década de 1980 aparecieron muchísimos *mega ministerios* cristianos. No es de extrañar que muchos crecieran rápidamente para luego caer en un perpetuo estado de crisis; oscilaban entre el olvido y un inédito crecimiento. Después de sobreponerse a múltiples obstáculos, algunos de los ministerios más grandes empezaron a decaer a causa de un único error cometido por sus líderes. Muchas lecciones nos muestran que un momento de debilidad y falta de criterio puede dar por tierra con muchos años de trabajo fundados en el buen criterio y el liderazgo efectivo en medio de las crisis. Sin embargo, si quiere usted jugar apostando a lo grande, esas son las reglas del juego.

Con el éxito llega el poder, y el poder inevitablemente trae aparejada una sutil corrupción a nuestro criterio: la percepción de ser invencibles, que a menudo es un fatal engaño. Uno de los ingredientes más importantes en el carácter de Wellington era su capacidad de confiar sin creerse más de lo que era desde la prisión; esto da a los líderes una advertencia atinada: "Cuando crean estar parados, vean que pueden caer". Esta ilusión de ser invencibles podría llamarse *El síndrome del Titanic*.

Capítulo nueve

El síndrome del Titanic

El Titanic era el símbolo de la opulencia y de lo invencible, la representación del Imperio Británico en esos días. Reflejaba la extravagancia, la arrogancia y la creencia de que nada podría hundir el dominio económico y la expansión de este imperio. Pocos imaginaban que en solo dos años, el mundo estaría en guerra y que el invencible imperio golpearía contra un iceberg que lo enviaría al mismo final que el de todo imperio humano hasta el momento.

Los ricos y famosos de mundo compraron vorazmente los boletos para el viaje inaugural de Titanic. Como nadie creía que podría hundirse, navegaron en aguas peligrosas con total desenfado. El orgullo "inhundible" del imperio demostró ser increíblemente frágil, como lo era el imperio y como lo son todos los imperios. La arrogancia puede ser la peor debilidad.

En cuanto a la economía mundial de hoy, se ha repetido muchas veces que lo que sucedió en 1929 no puede volver a repetirse jamás. Los expertos dicen que hay demasiadas salvaguardas: una Reserva Federal más fuerte, mayores márgenes para los especuladores e instituciones, FDIC, FSLIC, SPIC, etc. ¡Ni por un minuto crea todo esto! Somos tan vulnerables ahora a una catástrofe económica mundial, como lo hemos sido a lo largo de la historia.

El orgullo nos hará navegar despreocupados en las aguas más traicioneras.

En 1929, las compañías de los EE.UU. tenían $ 1.54 en efectivo por cada $ 1.00 de deuda. Hoy, tienen unos $ 0.15 en efectivo por cada $ 1.00 de deuda. Si comenzamos a medir la deuda individual y la del tercer mundo, sin mencionar la enorme deuda federal, los icebergs económicos en nuestro camino se ven como inexpugnables.

La Reserva Federal, el FDIC y las demás salvaguardas son los botes salvavidas que podrán salvar a unos pocos. Pero no sirven para salvar a toda la economía si chocamos contra el infortunio. Los dueños del Titanic creyeron que era superfluo llevar aún la mitad de los botes requeridos para una nave de ese tamaño; después de todo, ¡el Titanic no podía hundirse!

Los líderes de hoy navegan con el mismo desdén, hacen alarde de su ingenio al diseñar un barco que creen que no puede hundirse. No debemos dejar que la euforia de cosas como el colapso del comunismo, nos haga sucumbir al terrible engaño de que no siempre se necesita la humildad que nos mantendrá en estado de vigilancia.

La democracia es la forma de gobierno más justa y benevolente que haya diseñado el ser humano, pero no es la más eficiente. Por naturaleza hace que sea difícil para los líderes enfrentar los problemas, hasta tanto no se encuentren ante una crisis. A causa del proceso que se requiere para la elección en una democracia, pocas veces se involucran los mejor calificados para liderar o gerenciar. Históricamente hemos sido bendecidos con el liderazgo que llegó justo a tiempo para salvarnos cuando había una crisis. Pero aún así, el siempre presente potencial de la crisis financiera puede ser el más fatal que hayamos enfrentado.

Cuando el Titanic chocó contra el iceberg, hubo un cimbronazo fuerte. Casi todas las personas lo sintieron, pero unos segundos después, la fiesta continuaba como antes. Desde el capitán hasta el último pasajero de tercera clase, nadie imaginaba que en un par de horas estarían todos en el fondo del mar. El barco era muy grande y cálido, y todos los "expertos" decían que no podía hundirse. No fue el iceberg lo que hundió al Titanic, fue la COMPLACENCIA. El liderazgo sabio y decidido podría haber impedido el desastre, así como puede prevenir futuros desastres en nuestro caso.

El síndrome del Titanic

Los historiadores se sienten perplejos por los ciclos repetitivos del error humano. Pocos han podido romper estos ciclos. Pocos han sido lo suficientemente sabios como para ver algo que no fuera lo que querían ver en las tendencias y eventos que los rodeaban. Quienes tienen posiciones de autoridad por la naturaleza de su poder, se sienten obligados a poner la mejor cara ante el mal tiempo. Solo los más valientes líderes han sido capaces de oír las advertencias y de tomar acción. Imperio tras imperio, nación tras nación, empresas, organizaciones, iglesias y familias, siguen cayendo y fracasando a causa de que sus líderes se niegan a enfrentar los problemas hasta que ya escapan a su control.

Roger Smith, ex Presidente de la General Motors, dijo después de la caída de la Bolsa del 19 de octubre de 1987: "Esto no ha sido un dolor de estómago. ¡Nuestro país sufrió un ataque al corazón! Si no lo reconocemos como tal, y si no nos ponemos a dieta y a hacer ejercicio, podremos sufrir otro que será fatal". Esta advertencia se ha oído en cierto modo, y ha habido cambios valientes. Pero cuando uno ha tenido un infarto, no puede bajar la guardia, porque hay más probabilidades de sufrir otro.

En cierta manera la economía es como la operación de un motor, y así se la describe a veces. Como piloto de jets, una de las primeras cosas que aprendí fue prestar atención a mis instrumentos y saber qué me indicaban. Aun si los sistemas se mantenían dentro de los límites de tolerancia, había tendencias que podían pronosticar problemas graves. Si hay oscilaciones erráticas, aun cuando estén dentro de parámetros ciertos, el motor puede dejar de funcionar, y ¡hasta explotar!

Los instrumentos de la economía en el mundo entero han estado oscilando. Y aunque en este momento se muevan dentro de parámetros seguros, las continuas oscilaciones son una señal que debemos entender.

El grado de complacencia del liderazgo en el Titanic fue incomprensible, y por cierto la razón del desastre. El Capitán Smith y su tripulación recibieron diversas advertencias acerca del campo de hielo que estaba en su derrotero, pero ni siquiera bajaron la velocidad. Aún siendo que "no se podía hundir", chocar contra un iceberg podía causar daños extensos y probablemente muertes. Pero Smith ignoró el peligro y mantuvo un increíble y falso sentimiento de seguridad. Quería romper el récord de travesía a Nueva York.

Al ver el curso de la política económica de Occidente en las últimas décadas, vemos paralelos sorprendentes. Hay una loca carrera por romper todos los records, por seguir avanzando a velocidad peligrosa.

Si bien el progreso económico reciente se mantuvo durante los últimos años, he visto con desconcierto que el grado de complacencia aumenta: hay falta de aprecio por los empleos y la prosperidad que tenemos. La calidad del trabajo ha caído en gran medida. Los trabajadores se vuelven más quejosos porque saben que siempre encontrarán otro empleo, u otro cliente. El verdadero valor de nuestra economía está directamente relacionado con la calidad de nuestros productos. Parece ahora que una recesión sería lo más saludable que podría pasar para traernos de vuelta a la realidad, para que valoremos nuestras bendiciones.

El Titanic navegaba alegremente por el océano, pero su tripulación jamás había recibido instrucción para casos de salvataje y emergencia. No tenían plan para la evacuación de los pasajeros, y la mayoría de los tripulantes ni siquiera sabía cómo bajar un bote. Todo debió planearse y aprenderse mientras el barco se hundía, lo cual seguramente hizo que se perdieran muchas más vidas. Hubo muchos botes que se bajaron con poca gente en ellos, uno con solo doce personas, mientras había cientos de pasajeros debajo de la cubierta. El barco había sido sorprendido con la guardia baja, por los eventos de esa trágica noche, y el precio fue muy alto.

¿Nos sucederá lo mismo a nosotros? Si es así, pagaremos un precio también alto. La capacidad de poder enfrentar con éxito una crisis es algo que todo líder necesita, pero el objetivo más alto es el de tener la sabiduría de actuar antes de que la situación se convierta en crisis. ¿Cuántas de nuestras crisis son innecesarias, y surgen como resultado de un liderazgo pobre?

Los líderes

Había otros dos barcos que tuvieron un papel importante en el drama del desastre del Titanic: el Californian y el Carpathia. Los capitanes de estos barcos, junto con Smith del Titanic, reflejan las mejores y peores características del liderazgo.

El Californian tenía un capitán reservado y cauteloso. Cuando oyó que había hielo en su ruta, redujo la velocidad. Cuando vio el hielo, ordenó que se detuviera el barco, y que esperaran hasta el amanecer. El operador de radio de su barco comenzó a advertir a otros barcos acerca del peligro en el área. A las 19:30, el Titanic recibió el mensaje y lo registró.

Fue esta una de las seis advertencias que recibió el Titanic esa noche, y a ninguna se le prestó atención. Esto nos cuenta la historia de la indiferencia que había en su puente de mando. No era solo el capitán, sino todo el personal del puente, quienes no prestaron atención a las advertencias recibidas. Cuando esta actitud se presenta en un líder, el desastre es inminente.

El por lo general tormentoso Atlántico Norte estaba muy calmo esa noche. Más de un oficial dijo que jamás había visto tal tranquilidad en el mar. El Primer Oficial Lightoller, del Titanic, escribió en su declaración más tarde: "Todo estaba en contra de nosotros".

La calma del mar también habría alcanzado a la tripulación del Californian. El guardia vio que el Titanic se acercaba a unas millas, y luego vio que se detenía. Primero pensaron que estaba tomando precauciones a causa del hielo, como lo habían hecho ellos. El capitán le dijo al guardia que lo despertara si sucedía algo. Luego el Titanic disparó una señal de emergencia. Cuando despertaron al capitán, este pensó que la señal sería para otro barco que no alcanzaban a ver. El operador de radio estaba dormido, y ni siquiera lo despertaron para ver si podía contactarse con el Titanic. Se dispararon más señales, mientras la tripulación del Californian seguía barajando la misma hipótesis. ¡Vieron cómo el Titanic se hundía, cómo sus luces se apagaban y desaparecían en el mar! Si hubieran respondido a la primera señal, el Californian podría haber salvado a quienes murieron.

La complacencia en el Titanic y el Californian puede parecer increíble, pero ¿serán capaces de hacer algo diferente nuestros líderes económicos y políticos? Cuando se llega al final de la historia ¿seremos juzgados del mismo modo? ¿Seguirá tocando la orquesta mientras nos hundimos? La racionalización es un escudo popular que utilizan los cobardes mientras los que tienen el coraje de proclamar las advertencias son tildados de "alarmistas" con un mensaje negativo.

El otro barco en el drama del Titanic era el Carpathia, capitaneado por Arthur H. Rostron. Era conocido por su capacidad de tomar decisiones rápidas y de infundir energía en quienes trabajaban bajo su mando. Era un hombre creyente, que oraba siempre. A las 00:35 el operador de radio de Carpathia irrumpió en la cabina de Rostron para informar que el Titanic había chocado contra un iceberg. Rostron reaccionó como debía: inmediatamente ordenó que el Carpathia diera la vuelta y acelerara a toda velocidad en dirección al Titanic; ¡y recién después de hacerlo, le preguntó al operador si estaba seguro del mensaje! Esto marcaba un notable contraste con la reacción de la tripulación del Californian.

Rostron luego demostró lo que es un líder preparado de verdad: pensó en todo. Le ordenó al médico inglés que fuera a primera clase; al italiano que fuera a la segunda y al húngaro, a la tercera. Y les envió todas las provisiones necesarias para atender a los heridos o enfermos. Ordenó a diferentes oficiales que se ubicaran en distintas cubiertas, y los instruyó para que trajeran los nombres de los sobrevivientes y los transmitieran por radio. Prepararon con sillas una serie de camillas para los heridos. Se aseguraron líneas de boyas a los lados del barco, con sogas para atar los botes salvavidas. Se abrieron todas las puertas de cubierta. Ordenó a los oficiales para que estuvieran a cargo de sus pasajeros, que se ocuparan de ellos y los mantuvieran fuera del área donde estaban los heridos. Todos recibieron órdenes de preparar café, sopa y provisiones. Designó a los oficiales que atenderían los camarotes, salas de fumar, biblioteca, etc., para que acomodaran a los sobrevivientes. Luego hizo que parte del personal explicara a los pasajeros lo que había sucedido.

Rostron entonces debió enfrentar el mayor problema: el hielo. Se acercaba a toda velocidad al mismo campo contra el que había chocado el Titanic. No podía reducir la velocidad, pero se aseguró de reducir el riesgo para su propio barco y sus pasajeros. Agregó un hombre en el puesto de guardia, dos más en la popa, uno a cada lado del puente, y él mismo también se apostó allí. Su segundo oficial James Bisset observó que el capitán luego utilizó el recurso que más le importaba: elevó una plegaria a Dios.

A las 02:45 Bisset vio el primer iceberg. Lo rodearon y siguieron avanzando. Durante la siguiente hora, evitaron cinco más. A las 04:00 alcanzaron la posición avisada por el Titanic la última vez, y comenzaron a levantar los botes salvavidas. A medida que amanecía, la escena se volvía más desoladora e impactante: el mar estaba lleno de témpanos, hasta donde alcanzara la vista. Ni siquiera los centinelas del Carpathia habían observado tantos.

El difícil rescate de los sobrevivientes del Titanic se llevó a cabo en tal orden, que la paz reinaba por sobre todos. Los pasajeros del Carpathia se contagiaron del espíritu solidario de la tripulación, los de primera clase les dieron sus camarotes a los sobrevivientes; otros hacían todo lo que podían. En una de las noches más oscuras y trágicas de la historia en el mar, el capitán, la tripulación y los pasajeros del Carpathia se destacan como luces brillantes de coraje y heroísmo. Son una demostración de lo que es el verdadero liderazgo. No dormían como lo hacían otros; y no se dejaron engañar por la calma del mar: estaban preparados y actuaron.

Resumen

Como punto de referencia utilicé este mensaje para hacer una relación con problemas económicos potenciales. Pero las lecciones que contiene pueden aplicarse a cualquier situación de crisis. El orgullo y la complacencia pueden llevar cualquier emprendimiento a la tragedia. La preparación puede darnos la capacidad de enfrentar cualquier catástrofe y salvar lo que de otro modo se perdería.

El liderazgo sabio puede evitar que se presente la crisis, en muchos casos. Sin embargo, hay algunas que vendrán, sin importar cuán sabios o vigilantes seamos. Hay demasiados factores en este mundo que no podemos controlar, y no podemos siempre estar a salvo de ellos. Es correcto intentar evitarlos, pero también es atinado estar siempre preparado. Los sabios aprenden de los errores de los demás. La catástrofe del Titanic probablemente haya salvado a muchos otros barcos de un destino similar. También puede salvar al nuestro si aprendemos de ella.

"La mayoría de las cosas importantes en el mundo fueron logradas por personas que siguieron intentándolo aún cuando parecía que no había esperanzas."

Dale Carnegie

Capítulo diez

Miremos hacia el futuro

En un libro clásico sobre el liderazgo, *La esperanza no es un método*, el ex jefe del Ejército, Gordon R. Sullivan, y Michael V. Harper, cuentan una interesante historia sobre el Teniente Coronel Hal Moore, ocurrida durante la Guerra de Vietnam. Él comandó el I Batallón, 7mo. de Caballería hacia las planicies centrales de Vietnam en 1965.

Al avanzar hacia una fortaleza comunista, su unidad fue rodeada rápidamente por fuerzas cuatro o cinco veces mayores en número a la suya. Después de cuatro días de intensa lucha, más de la mitad de los hombres de Moore habían muerto, pero el enemigo había tenido muchas más bajas. Los hombres de Moore se mantuvieron firmes. Como era esta la primera batalla de importancia entre las tropas de los EE.UU. y las de Vietnam del Norte, se la consideró una prueba importante de actuación en el creciente conflicto, y los oficiales superiores estaban muy atentos a lo que sucedía.

Durante los procedimientos de relevamiento de los hombres de Moore, surgió un tema que alarmó a los generales de los EE.UU. En diversos momentos durante la batalla, Moore se mostraba un tanto retraído en sí mismo, como si estuviera aislándose de quienes lo rodeaban. Se le pidió que explicara su conducta en esa situación en que había peligro de ser vencidos por los enemigos. Su respuesta, además de satisfacer a sus superiores en cuanto a que no se trataba de negligencia, llegó a ser considerada hasta hoy uno de los procedimientos básicos para todo comandante en el campo de batalla. ¿Qué estaba haciendo?

El coronel respondió que intentaba abstraerse de toda distracción para poder contestar tres preguntas:

1) ¿Qué está pasando?
2) ¿Qué no está pasando?
3) ¿Qué podía hacer para afectar a lo que estaba pasando?

Hoy, estas son las "tres preguntas esenciales". Si pudiésemos abstraernos para preguntarnos esto regularmente, seguro que nuestra efectividad como líderes aumentaría dramáticamente. Si vamos a ser efectivos como líderes, debemos contar con una base para comprender el presente y decidir lo que podemos hacer para el futuro. Este capítulo se enfocará en el conocimiento que se necesita para hacer esto. Y en el siguiente, hablaremos de cómo podemos usar ese conocimiento para crear el futuro.

Conozca el pasado, comprenda el presente y vea el futuro

Una de las primeras tareas del líder es discernir el presente y ver el futuro. No lideraremos con éxito a menos que sepamos dónde estamos yendo. No discerniremos el presente ni veremos el futuro con exactitud y precisión, pero en la medida en que logremos verlo, podremos planificar una estrategia que impacte sobre el futuro del modo deseado. Solo entonces puede un líder comunicar el plan a quienes lideran, de modo de inspirar en ellos la confianza y la decisión que finalmente darán como resultado lo que se desea alcanzar.

El análisis del pasado y el presente, para identificar las tendencias. Eso es lo que intentaba hacer el Teniente Coronel Moore. Si sabía lo que pasaba podía analizar cómo responder mejor a ello con los recursos disponibles. También necesitaba saber lo que *no* pasaba, para no desperdiciar recursos valiosos. De esta manera, podía ser proactivo y crear el futuro que quería.

La mayoría de nosotros ha estado en un centro de compras, en busca de una tienda en particular. Si no conoce el centro de compras, quizá utilice el mapa para encontrarla. Sin embargo, el mapa no servirá de mucho si no tiene la flecha que indica "Usted está aquí". Ese es el punto de referencia. No hay mapa que nos sirva si no sabemos dónde estamos ubicados. Además de preguntarnos "¿Qué sucede?", debemos saber "¿Dónde estamos?"

Hay tendencias que podemos identificar al mirar la historia. Puede ser un mapa general o un panorama, pero cuanto más fuerte y profunda sea la base, tanto mayor será la capacidad que tengamos para construir sobre esta. Lo mismo sucede con nuestro conocimiento. Por esta razón veremos brevemente las cuatro épocas más importante de la historia humana, y el modo en que nos afectan en el presente. Al entender la imagen general, será más fácil entender nuestro tiempo y las tendencias del presente. Luego comenzaremos a entender más acerca de cómo utilizar estas tendencias a favor de nosotros, en lugar de resistirnos inútilmente a ellas.

Los cuatro poderes de la civilización

Ha habido cuatro grandes épocas en la historia humana que fueron construidas por cuatro grandes poderes, lo que afectó a la humanidad a lo largo de la historia de la civilización. Estos cuatro poderes son:

1.) Militar.
2.) Religioso.
3.) Político.
4.) Económico.

Podemos ver que la primera gran época histórica estaba dominada por el poder militar. Fue la era de los conquistadores y los grandes imperios militares, como Egipto, China, Babilonia, Mongolia, Persia, Grecia y Roma. Estos imperios se construyeron predominantemente con poder militar.

La segunda gran época de la civilización estuvo dominada por la religión. Esto es la religión como poder institucional y social, que debe diferenciarse de la fe personal. Durante este período el poder militar se convirtió en sirviente de los poderes religiosos emergentes como el Islam en el Medio Oriente, el Hinduismo en el Lejano Oriente y el Catolicismo y el Protestantismo en Occidente. Este periodo comenzó a surgir cerca del año 300 d.C. y alcanzó su punto máximo durante las Cruzadas y el Gran Imperio Otomano, desde el 1050 al 1500, aproximadamente.

Durante este período los líderes religiosos eran los hombres más poderosos del mundo. La mayoría de las guerras eran conflictos religiosos que tenían por objetivo la conquista de otros por el bien de la religión, y no solo por la conquista en sí.

La siguiente gran época de la civilización fue dominada por la política. Este período comenzó durante el siglo XVI y continuó hasta mediados del siglo XX. Fue el tiempo de los grandes cambios políticos, cuando surgieron nuevas formas de gobierno a causa de revueltas sociales como las revoluciones Francesa, Norteamericana y Bolchevique. Durante este período, los poderes religioso y militar sirvieron al poder político. Había todavía guerras religiosas y militares, pero los grandes cambios sociales de esta época fueron casi todos de naturaleza política, y la mayoría de las guerras tenían origen político.

Los tiempos de transición entre estas grandes épocas fueron generales, y en ocasiones duraron siglos. Cerca del comienzo del siglo XX comenzamos a transitar una nueva época dominada por el poder económico. Por ejemplo, la revolución bolchevique fue una revolución política y económica que marcó el comienzo de este gran cambio en los centros del poder. La Segunda Guerra Mundial también fue política y económica. Los nazis jamás habrían llegado a ser lo poderosos que fueron sin el humillante y opresivo bloqueo económico impuesto a Alemania con el Tratado de Versailles. También Japón atacó a los EE.UU. en venganza por sanciones económicas que Japón llamó "un acto de guerra".

Kart von Clauswitz, escritor de principios del siglo XIX, estableció que la guerra era el intento de una nación por reafirmar su voluntad política por sobre la de otra nación. Eso era verdad en términos generales para su época, porque vivió en la era política. Si hubiera sido escritor unos siglos antes, habría dicho que la guerra era un intento de un grupo por reafirmar su voluntad religiosa por sobre la de otro. Si escribiera en nuestros días, diría que la guerra es el intento de una nación por reafirmar su voluntad económica por sobre la de otra nación.

Vivimos una época en la que el poder primario para la motivación del mundo es el económico. Sin embargo, los cimientos del poder militar, religioso y político siguen con nosotros, y todavía son influyentes. En algunas partes de mundo, como en Medio Oriente, la religión sigue siendo un poder primario, pero sin lugar a dudas, se mezcla con intereses económicos y políticos que a veces predominan. En Asia los conflictos pueden ser aún políticos o religiosos, pero son primariamente económicos, y utilizan a los otros dos poderes como factores de motivación para las masas. Dondequiera que sea, tenemos al menos una combinación de estos cuatro poderes en toda influencia de dominación. Este es un paradigma que podemos utilizar para entender mejor una región o un pueblo.

Este paradigma también puede ayudarnos a comprender mejor los sucesos y el modo en que podemos afectarlos. La Guerra Fría fue una guerra muy real, pero era una guerra económica. Los verdaderos generales en esta guerra eran los presidentes de los bancos y los principales ejecutivos. Las armas podían ser productos y consumo, o tasas de cambio de moneda y bolsas de comercio. Aún así, los cambios políticos causados por estas armas fueron iguales de grandes que los cambios producidos por cualquiera de las guerras militares de la historia.

La crisis monetaria de Europa de una década atrás fue el equivalente económico de una gran batalla militar. Debió pelearse antes de que la Unión Europea pudiera surgir. En lugar de pelearse con tropas de artillería se peleó con bancos y monedas. Ahora estamos en un momento en que los poderes militar, religioso y político sirven al poder económico. Esto no implica que esté bien o mal. Simplemente, es así.

Forme su propia CIA

Le guste o no, si es líder en una organización, está usted en guerra. Aún si es líder de una obra de caridad, su enemigo puede ser la pobreza, la ignorancia o una enfermedad en particular. Pero para ganar su guerra tendrá que movilizar, ubicar sus fuerzas de modo conveniente y pelear para ganar.

La mayoría de las guerras se han decidido porque una de las dos fuerzas tenía mayor conocimiento de su oponente. Esto incluye saber acerca de sus puntos fuertes, sus debilidades, su naturaleza, sus procedimientos de operación o sus intenciones. Por eso, es esencial reunir capacidad de inteligencia exacta y efectiva en una organización, si se desea llegar al éxito. Debe usted conocer la fuerza y la disposición de las fuerzas que se le oponen, y la fuerza y disposición de sus propios recursos.

El gran general de la Guerra Civil, Ulises S. Grant, ganó su primera batalla importante en Fort Donaldson porque conocía muy bien al general oponente. Habían estado juntos en la academia militar. Grant sabía que era nervioso e indeciso. Y aunque él estaba en desventaja en cuanto a su posición, sus tropas y sus armas, continuó luchando porque conocía que esta era la debilidad de su adversario. Al ser decidido, Grant convenció a su enemigo de que se hallaba en situación imposible. Se rindieron ante él, cuando fácilmente podrían haber destruido al ejército de Grant, si hubiesen tenido un líder decidido.

Si entendemos el terreno en donde nos movemos, y las fuerzas que se nos oponen, podemos ganar mucho y lograr la victoria. Cuanto más sepamos en torno a nuestra situación, tanto más decididos podemos ser. La decisión siempre será necesaria para lograr la victoria, sea cual fuere nuestro emprendimiento. Pero la decisión no puede depender de que las circunstancias sean perfectas. A veces no conoceremos a nuestro oponente, y el que gane será quien se mueva primero.

Concentrarse en reunir inteligencia

Es bueno tener un conocimiento general de las tendencias principales, pero luego debemos particularizar esta información a nuestro ámbito de actividad. Por ejemplo, los entrenadores no necesitan saber demasiado acerca de política, a menos que esto afecte su trabajo.

Sí deben saber cuáles son los puntos fuertes y las debilidades de su equipo, y las del equipo adversario. Su trabajo de inteligencia puede incluir ver películas de juegos pasados en los que participó su oponente. Quizá utilicen la opinión de personas que han ido a ver jugar a ese equipo, y puedan brindar información del entrenador. Esta información será esencial para el desarrollo de un plan exitoso.

Un líder de negocios tendrá que conocer a su competencia, y también las tendencias del mercado. Sus fuentes podrán ser los noticieros, periódicos como *The Wall Street Journal* y las investigaciones de consultoras que brinden información sobre las industrias o empresas en particular. Y claro, como lo que está en juego son miles de millones de dólares, quizá también recurra al espionaje industrial.

Con el creciente paso del cambio, la información es hoy la mercancía más valiosa. Debemos tener información para comprender las condiciones y fuerzas que hay afuera, y el modo en que afectarán a las tendencias en el futuro. Debemos saber cuáles son nuestros propios recursos y también el modo en que podemos utilizarlos para alcanzar los resultados que deseamos.

Hay muchos factores externos que pueden influir sobre las tendencias de los negocios, la política, el clima, la geografía y hasta los movimientos espirituales. Debemos determinar el grado en que cualquiera de estos puede afectar a nuestra organización, el grado en que nosotros podemos afectar y decidir cuánto tiempo y esfuerzo dedicaremos al trabajo de inteligencia. Debemos aprender a resistirnos a pasar la mayoría del tiempo estudiando factores que no tienen mayor relevancia, o aquellos que no podemos afectar. Debemos dedicar nuestros esfuerzos a aquello que sí tenga potencial influencia.

Observar a los poderes primarios

Una vez que discernimos las fuentes de poder que pueden afectar a nuestra organización, o aquellas en las que nosotros podemos influir, debemos mantener nuestra atención concentrada en estas para poder prever las tendencias posibles. La presidencia de los EE.UU. es un centro primario del poder militar, político y económico. Cuando el candidato Ronald Reagan anunció en su plataforma el fortalecimiento del poder militar y el recorte de impuestos, era fácil prever qué negocios se beneficiarían con su victoria en las elecciones. Cuando se hizo obvio que ganaría, los líderes de negocios sabios se prepararon para lo que seguramente vendría.

Del mismo modo, cuando un gobierno comienza a enfatizar ciertos programas sociales, seguramente habrá beneficiarios en industrias específicas, y los sabios se prepararán para actuar de manera conveniente.

Después de que el Presidente George Bush liderara una coalición política notable para ganar la Guerra el Golfo con inusitada efectividad, muchas personas sintieron que sería invencible en la siguiente elección. Sin embargo, por impresionante que fuera su victoria en el área política y militar, nuestro tiempo está dominado por el poder económico y la iniciativa con gran visión; su campaña debe estar basada en centrarse en el poder dominante del presente, y no del pasado. Y ganó la elección. Puede ser que prefiera usted la política o la religión, pero los candidatos con sabiduría hoy construyen sus campañas sobre el poder económico.

El clima no es uno de los poderes que podamos controlar, pero sí puede tener gran impacto sobre las tendencias económicas. El huracán "Hugo" destruyó miles de millones de millones de la industria maderera en Carolina del Sur. Inmediatamente, los constructores sabios comenzaron a prepararse para el efecto que vendría. El huracán "Andrés" cambió de manera sustancial los códigos de construcción no solo en la Florida, sino a todo lo largo de la costa Este. Hubo líderes de negocios sabios que se prepararon para esto desde el día siguiente al huracán.

Las sequías pueden tener gran impacto en el precio de los alimentos, pero también pueden ser factores importantes que determinen el lugar en que se ubicarán ciertas empresas. Los factores geológicos también son importantes y deben analizarse.

Y aunque la religión no es el poder dominante en esta era, aún así tiene un profundo impacto en el mundo. Los movimientos espirituales tienen la capacidad de afectar las tendencias económicas y, de hecho, han tenido el impacto más fuerte y duradero de todos.

Durante el siglo XV, la Reforma en Europa hizo mucho más que reformar la iglesia. A causa de su énfasis en la fe de las personas, en lugar de la devoción a la institución de la iglesia, este movimiento le otorgó un valor sin precedentes al individuo. Lo cual trajo aparejado el nacimiento de la democracia y el sistema moderno de la libre empresa, pues creó el escenario para la Revolución Industrial y el curso de los negocios en los siguientes quinientos años.

Claro que muy pocos se preocuparán de predecir las tendencias para los próximos quinientos años, pero el hecho es que cuanto más lejos veamos hacia el futuro, tanto más efectivamente podremos prepararnos para el futuro inmediato.

Obviamente, hay tendencias mundiales hacia la democracia, la libertad creciente y el cristianismo no institucional. El predominio del cristianismo institucional por lo general trae como resultado el dominio de la clase gobernante. La expansión del cristianismo no institucional casi siempre dio como resultado más libertad y democracia, además de prosperidad económica.

Hasta el momento de la Reforma, la base principal del espectro consumidor era la aristocracia, la iglesia y la clase comerciante. Esto incluía a un porcentaje muy pequeño de la población. A medida que la gente común fue ganando derechos, obtuvieron también poder y bienestar económico. La clase común rápidamente se convirtió en el grueso del mercado consumidor. Este tipo de demanda creciente por los productos trajo como resultado la revolución industrial y el desarrollo de la línea de producción de montaje. Quienes comprendieron estas tendencias y tomaron la iniciativa requerida para aprovecharla rápidamente, obtuvieron ganancias económicas comparables con las de la clase gobernante.

La Reforma disparó cambios en la política y la economía, sin precedentes en la historia. El primer "Gran Despertar" en Norteamérica durante la mitad del siglo XVIII y el segundo a mediados del XIX, podría verse como la raíz de la Revolución Norteamericana y la Guerra Civil de los EE.UU. Ambas dieron lugar a exigencias por mayor libertad, la primera para la nación y la segunda para los esclavos. Estos "Grandes Despertares" fueron la fuerza política y económica dominante en su época, y afectaron en mucho al futuro de la nación.

Los reavivamientos más pequeños, como el iniciado por el evangelista Sam Jones de Nashville a finales de 1800, cambiaron la economía de gran parte de Tennessee y los Estados circundantes.

En ese momento, Nashville era un centro de prostitución, apuestas y destilerías. Los barcos que solían funcionar como casinos flotantes comenzaron a llevar a peregrinos espirituales de diversas partes del país, hacia el reavivamiento. Trajeron su música y la convergencia de estilos, y así surgieron estilos musicales nuevos. Nashville pronto fue conocida como la "Ciudad de la Música". Las grandes congregaciones también comenzaron a construir iglesias allí. Al reducirse el alcoholismo y el juego por dinero, la productividad aumentó y atrajo a nuevas industrias y gobiernos.

Asia, África, América Central y Sudamérica también experimentan el crecimiento de formas básicas no institucionales de cristianismo, a un paso mayor que en cualquier otro momento o lugar en la historia. Estos factores señalan que la tendencia a dar más poder a los individuos, por medio del conocimiento y nueva riqueza, continuará aumentando en el futuro. Como resultado de la instalación de la democracia en una cultura, podemos estar relativamente seguros de que la economía basada en el consumidor será el motor del crecimiento económico.

Hay muchas otras tendencias importantes para mencionar. A medida que la expectativa de vida de la población aumenta gracias a los avances de la medicina, los hábitos de los consumidores cambian. La invención del aire acondicionado cambió la economía del Sur. Las leyes laborales y los impuestos más bajos en los Estados del Sur, combinados con la llegada del aire acondicionado, pronto hicieron que el Sur fuese más atractivo para las industrias, desde la automotriz, a la aeronáutica y la industria del cine. Hubo muchas personas visionarias que comprendieron el potencial de estas tendencias, y se ubicaron donde mejor podrían aprovecharlas.

Observe los cambios en las reglas del juego

Uno de los impactos más grandes en la economía pueden ser las reformas impositivas. La efectuada por el Presidente Reagan era muy necesaria, pero se implementó tan pobremente que le costó miles de millones al gobierno, y cientos de miles de millones se perdieron en gastos imprevistos. Había pérdidas, injusticia, procedimientos innecesarios y engorrosos en el viejo código impositivo, y esto debía cambiarse. Pero estas eran las reglas sobre las que se había construido la economía estadounidense y con las que se jugaba en cada empresa. Cuando cambiaron tan radicalmente, hubo industrias enteras que cayeron en trampas de las que casi no podían salir. La industria del ahorro y los préstamos fue una de ellas.

El código impositivo antiguo inflaba los valores de la propiedad, porque esto traía ventajas impositivas a los inversores. Esto había que corregirlo, pero cuando se hizo súbitamente en lugar de efectuarlo por etapas, los inversores no pudieron adecuarse. El valor de las propiedades no cayó, sino que colapsó. A causa de que la industria del ahorro y los préstamos tenía un papel tan importante en las inversiones, su antiguo florecimiento se convirtió en la lucha por la supervivencia. Muchos ni siquiera pudieron hacer los cambios necesarios con la premura necesaria. El gobierno debió hacerse cargo de la pérdida, y en realidad quien pagó los impuestos –el pueblo– fue quien sufrió las consecuencias.

Repito que esto no quiere decir que no haya que hacer cambios. También es cierto que la industria del ahorro y los préstamos debía tener reglas más fuertes para proteger a los inversores depositantes del tipo de fraude que se veía en ciertos lugares. Sin embargo, no fueron los estafadores los que causaron el colapso de esta industria, sino la implementación de una reforma impositiva que equivalió a jugar un juego en el que las reglas se cambian sin ningún aviso previo. El ganador, de un día al otro se convirtió en perdedor. Si se hubiera hecho el mismo cambio con un poco más de sabiduría y paciencia, seguramente se habrían ahorrado miles de millones de dólares.

El mundo sigue tendiendo al intercambio y la interdependencia, y un pequeño cambio en la política de gobierno en China puede impactar en una empresa de Georgia, hacer que crezca o que vaya a la bancarrota. Es por eso que el ambiente económico de hoy nos obliga a observar las tendencias políticas, comerciales, climatológicas y hasta espirituales. Pero la información es solo un paso. El saber cómo destilar y comunicar lo conocido, de manera clara, simple y efectiva, es una de las habilidades más importantes en nuestros tiempos.

Las grandes corporaciones contratan a pronosticadores, cuyo trabajo consiste en predecir tendencias. Quizá no podamos contratar un pronosticador en nuestra organización, pero sí podemos definir cuáles son nuestras mejores fuentes de información. Debemos dedicar tiempo al estudio y análisis de nuestro entorno, para saber cómo pueden cambiar nuestros recursos, para causar un impacto en las condiciones. Debemos construir nuestro aparato de inteligencia basándonos en:

¿Qué está sucediendo?
¿Qué no está sucediendo?
¿Qué puedo hacer para afectar las condiciones?

Capítulo once

Podemos crear el futuro

Ahora nos concentraremos en cómo utilizar los conocimientos de manera práctica en nuestra esfera de influencia. El liderazgo es más que solo tener conocimientos, y aún más que saber algo acerca del futuro. El liderazgo es la aplicación del conocimiento para causar un impacto en el futuro. No somos líderes a menos que alguien nos siga. Es esencial entonces que el líder también tenga la capacidad de comunicar su visión del futuro, de modo de inspirar suficiente confianza en aquellos que están dispuestos a seguirle.

Desafortunadamente, la mayoría de las personas no saben quiénes son, ni hacia dónde van. Viven día tras día, cargando un peso, sin visión del futuro, con la excepción de sueños irreales como ganar la lotería o encontrar un tesoro. Como las personas fuimos creadas para vivir con futuro, entonces todo plan trae inspiración y motivación. Por ello, es esencial que el líder primero tenga la capacidad de formular un plan, y luego sepa cómo comunicarlo.

La comunicación de un plan general puede hacerse por medio de algo simple, como una afirmación o lema, que pueden ser herramientas útiles para dar propósito y dirección a una organización, y aún a una nación. Hitler tuvo la genialidad de utilizar símbolos simples y afirmaciones cortas para dar una visión nacional que le permitió movilizar a Alemania. Esto puede ser utilizado para bien o para mal.

Toda organización necesita una visión a largo plazo, pero también visiones a corto plazo. Para los propósitos menores podemos implementar un objetivo para el año, el mes o la semana. Dichos propósitos y objetivos ayudarán a nuestra organización a mantener la concentración y la dirección, lo cual aumentará la eficiencia y productividad.

Luego de dar a conocer la visión general, el líder debe diseñar una estrategia factible y paso a paso para lograrla. También debe buscar el modo de medir los resultados de estas estrategias, para que el aliento hacia el progreso sea continuo para aquellos que lo siguen. La confianza que esto inspira dará como resultado el envión necesario para el éxito en toda empresa de importancia.

Visión con valores

Todos nuestros objetivos deben ser prácticos y factibles. Cuando más elevados y buenos sean, tanto mayor será el número de personas dispuestas a hacer sacrificios personales para lograrlos. Muchos tienen visión, pero no tienen valores o no logran comunicarlos. Otros tienen valores pero no tienen visión. Debemos combinar la visión con los valores. El poder de la motivación cuando hacemos esto se multiplica muchas veces.

La combinación correcta de la visión y los valores es la fuerza más poderosa para efectuar un cambio. Para Alejandro el Grande, fue llevar la cultura, el idioma y la filosofía griega por el mundo. Para los griegos, que habían comenzado a estimar el refinamiento de su cultura y civilización como la nobleza misma, fue esta una razón poderosa para que se movilizaran y enviaran a sus hijos hacia las guerras de conquista.

Para Hitler fue establecer el dominio del pueblo alemán por sobre los demás. Para los alemanes que acababan de perder una guerra y luchaban contra la pobreza reinante en Europa, fue este un bálsamo para su orgullo herido. Toda visión era mejor que la inexistencia de visión. Esto no implica que fuera correcto, pero el dicho reza: "Niégale el alimento a alguien y comerá veneno". Si los buenos no lideran y toman la iniciativa, lo harán los malos.

Fue una confusión de características similares después de la Revolución Francesa lo que permitió a Napoleón tomar la iniciativa en Francia. Simplemente alimentó el orgullo francés y les dio una visión de futura predominancia en Europa. Todo grupo que carezca de visión u orientación podrá ser manipulado y utilizado para el mal, si el bien no se establece con firmeza

No hay ser humano que pueda existir durante mucho tiempo sin un propósito. Lo mismo sucede con un pueblo. La visión es casi tan esencial como el oxígeno para la existencia humana.

Todo líder debe saber de la necesidad de definir un propósito para su organización. Abraham Lincoln lo supo con respecto al Norte durante la primera parte de la Guerra Civil. No fue sino hasta la proclamación de la Emancipación de 1862, que el Norte sintió que tenía una causa por la que valía la pena movilizarse. La lucha se convirtió entonces en una noble cruzada por liberar a los oprimidos. Y hasta el movimiento antibélico sintió vergüenza por oponerse a la guerra. Por ello, hubo voluntad de pelear hasta conseguir la victoria completa.

Más allá del propósito de nuestra organización, la articulación de una visión clara y noble aumentará la productividad y nuestras probabilidades de éxito. Como dije antes, hay pocas cosas que puedan mantener el flujo de energía tan constante como los objetivos pequeños predeterminados que marcan el camino hacia el objetivo mayor.

El éxito y el fracaso tienen ambos la capacidad de reproducirse y multiplicarse. El orgullo puede motivar, pero es mejor un propósito noble. Como dice el viejo proverbio: "El orgullo viene antes de la caída". El orgullo siempre dará como resultado final una fatal falta de cuidado. El orgullo bajo la forma del elitismo puede motivar y lograr cosas durante algún tiempo, pero se ha probado muchas veces que inevitablemente lleva al desastre. Nuestro objetivo no tiene que ser solamente el éxito, sino el éxito duradero. La confianza con humildad será la plataforma para el éxito verdadero y duradero.

La gran habilidad

Como mencioné anteriormente, una de las habilidades de todo líder exitoso es la de saber planificar. Esto es esencial, pero implica que aparejada a esta capacidad, debemos tener la habilidad de modificar, mejorar y aún cambiar de plan cuando sea necesario.

Un buen plan es también un factor de motivación para toda organización. Cuanto mejor sea el plan, tanto más confianza inspirará en quienes nos siguen. Por eso los mejores planes son los que tienen la suficiente resolución como para inspirar confianza, mientras mantienen la flexibilidad de cambiar según las circunstancias.

Aunque yo estaba en la Aviación Naval, al igual que muchos marineros temporariamente asignados a las fuerzas de defensa en tierra, tuve que hacer el entrenamiento de infantería de la Marina. Jamás olvidaré lo que nos dijo un instructor. Demostró lo necesario que era un plan de batalla en cualquier emprendimiento, ¡pero al terminar la clase nos dijo que no hay batalla que se desarrolle según el plan fijado! De hecho, dijo que las tropas que terminan victoriosas casi siempre son las que pueden manejarse en medio de la confusión y seguir peleando.

Hay una gran verdad en esto, sin importar de qué emprendimiento se trate. El plan dará confianza a las tropas, a los empleados, a los voluntarios y a los líderes. Sin embargo, para poder ganar tendremos que ser sabios y flexibles como para saber cuándo descartar algún aspecto del plan o modificarlo según la situación que se presente.

Un entrenador de fútbol, como un general o un líder de negocios, tendrá que ser bueno para desarrollar todo su plan en base a su mejor defensor, pero ¿qué si este se lesiona o tiene un mal día? Entonces, el buen entrenador sabrá cuándo cambiar de plan y tendrá alternativas para cada contingencia. Lo mismo se aplica a cualquier líder. Debemos saber cómo planificar y motivar a otros para que sigan nuestro plan. Pero también tenemos que saber cómo liderar cuando hay cambio de planes. La capacidad de guiar a otros en medio de los cambios sin lastimar su ánimo y disposición, es lo que separa al buen líder de los más grandes líderes.

Arenas movedizas

Para la mayoría de las personas su punto más fuerte también está en la raíz de su mayor debilidad. La trampa más peligrosa para un buen planificador es excederse en los planes. El éxito es resultado de la acción, y no solo de la organización. Los planes deben ser siempre lo suficientemente simples como para que se comuniquen, entiendan y modifiquen con facilidad.

El manejo del tiempo es crítico en todo liderazgo, y debe predominar por sobre la perfección de un plan aún antes de comenzar. Muchos fracasan porque quieren esperar a estar perfectamente preparados antes de empezar. Quizá jamás sintamos que estamos perfectamente preparados para tomar la iniciativa.

La decisión de avanzar aún cuando estamos en posición de inferioridad, ha dado como resultado éxitos como el de la victoria del Ejército de la Unión comandado por el General Grant en la Guerra Civil. Otro de los generales de la Unión considerado como muy capaz fue el General McClellan. Quizá haya sido el mejor entrenador y motivador de tropas que haya habido. Sin embargo, su tendencia a exagerar el plan y la preparación, le costó victorias que seguramente podrían haberle llevado a ganar la guerra hasta tres años antes. En la Batalla de Antitem Creek, en septiembre de 1862, el ejército de la Unión comandado por McClellan era casi dos veces más grande y fuerte que el ejército de la Confederación comandado por el General Lee. McClellan tenía la mejor posición en el campo, y hasta tenía una copia del plan de batalla de Lee. Pero se movió con tal indecisión y vacilación que Lee pudo luchar hasta provocar un alto en la batalla, y escapar con su ejército para pelear otro día.

Mejorar hasta el final

El entrenamiento y la organización son necesarios, pero debemos saber cuándo entrar en acción. Si planificamos demasiado, llegaremos a la "parálisis del análisis", que nos llevará al fracaso. Una de las trampas más devastadoras para el líder es la tendencia a querer hacer todo bien. Si viera usted los primeros bocetos de cualquier gran artista, encontraría quizá que son solo mamarrachos. Y hasta el artista potencialmente más grandioso no alcanzará el éxito a menos que primero esté dispuesto a equivocarse. Si oyéramos las primeras notas tocadas por un gran músico, seguramente serían ruidos muy desagradables. Nadie puede comenzar en la cima. El deseo de hacer las cosas bien quizá sea el ladrón de éxito más grande para quienes tienen talento pero no están dispuestos a cometer errores.

También debemos evitar la trampa de detenernos en minucias. Los perfeccionistas a veces pasan la mayor parte del tiempo en aquello que logra los menores resultados. Al querer mejorar la calidad de los negocios en los Estados Unidos, hubo muchos que fueron demasiado lejos y, aunque la calidad de muchos productos mejoró, su valor cayó. ¿Por qué?

Por ejemplo, una empresa gastaría mil millones de dólares para mejorar la calidad en un ochenta y cinco por ciento. Luego tendrían que doblar ese monto para lograr una mejora de un cinco por ciento más. Y luego, cuadruplicarían esa suna para mejorar un uno por ciento más. Hay un punto donde no vale la pena seguir mejorando. La perfección no es un objetivo realista en esta Tierra. Pero la calidad con valor, sí logrará el éxito.

Fue interesante ver a muchas empresas estadounidenses dedicarse a la moda de la reingeniería. Es bueno mejorar nuestros procedimientos continuamente, pero podemos engañarnos si pensamos que lograr un procedimiento correcto será la respuesta a todos nuestros problemas. Con ello, muchas empresas lograron mejorar los productos que no eran adecuados, nada más.

Y otra trampa puede ser la de esforzarnos demasiado en aprender de nuestros errores; lo que se conoce como "un ayer perfecto". Siempre es bueno aprender del pasado, y los errores serán grandes maestros, pero no podemos concentrarnos en esto a costas del presente y el futuro. Aprenda todo lo posible, pero siga avanzando.

Muchos grandes líderes se ven derrotados porque intentan lograr demasiado, o porque pelean en demasiados frentes. Debemos poder elegir nuestras batallas. Una de las estrategias militares indicaba que "el que llega primero con más, gana". Para lograr esto debemos poder concentrar nuestras fuerzas o recursos. No deje que se cumpla el refrán que dice "el que mucho abarca poco aprieta".

Otra de las trampas peligrosas es el pensar demasiado en el dinero. Esto no quiere decir que no haya que pensar en el dinero. La palabra clave aquí es "demasiado". Aún cuando estamos en la era económica, el dinero a menudo es el recurso menos importante para cualquier organización. Si hace lo que está llamado a hacer con excelencia, resolución y sabiduría, el dinero llegará. Si se concentra demasiado en el dinero, quizá espere demasiado hasta tener lo suficiente como para comenzar. Y entonces, quizá nunca sienta que tiene lo suficiente. Sea sabio en el uso de sus recursos, pero no se concentre demasiado en este tema. Verá que lo consigue mucho antes de lo que pensaba.

Capítulo doce

Cultivemos la visión

C ultivar la visión es un modo práctico que nos permite abrir los ojos para ver más allá de lo que hay, para ver las cosas como pueden llegar a ser. La visión que ve más allá del presente es la base del liderazgo. En este capítulo revisaremos y consideraremos algunas de las cosas básicas que nos ayudarán a abrir los ojos, para liderar de modo que lo que vemos se convierta en realidad.

Los líderes efectivos logran sus propios objetivos. Los grandes líderes marcan el curso de la historia. Como mencionamos antes, no se es líder a menos que alguien nos siga. Solo un tonto seguiría a alguien que no sabe adónde va. Cuanto más clara y noble la visión, tanto mejores serán las personas que logre atraer.

Los grandes líderes tienen la capacidad de hacer que otros líderes los sigan. La calidad de sus seguidores reflejará la calidad de sus logros. Hacer que otros líderes nos sigan requiere de profundidad de carácter, compromiso y visión. Cuanto más inteligente y noble el objetivo, tanto más inteligentes y nobles serán nuestros seguidores.

Martin Luther King Jr. fue un gran líder. Compartió su sueño con tal convicción que lo convirtió en el sueño de millones de personas.

Oí decir a uno de sus asociados, que durante las reuniones con otros líderes de la lucha por los derechos civiles, él se sentaba pacientemente y escuchaba todo lo que se decía. Se preocupaba mucho por lo que otros decían y creían, y pensaba que era importante comprender. Luego, inevitablemente, se le pedía que hablara. En cada reunión sus palabras tenían un entendimiento tan profundo y una claridad de propósito y confianza en la dirección a seguir, que poco podía agregarse cuando acababa su discurso.

Los grandes líderes por lo general prefieren escuchar a hablar. Por eso, cuando hablan lo hacen con mayor sustancia. Los grandes líderes son también grandes comunicadores. Algunos parecieran serlo por naturaleza, pero este es un talento que podemos aprender a desarrollar. Practique expresar sus pensamientos de manera concisa. Como dice el proverbio bíblico: *"Manzana de oro con figuras de plata es la palabra dicha como conviene"* (Proverbios 25:11). Dichas palabras son siempre las justas y más valiosas.

Haga que su liderazgo sea noble

Los grandes líderes pocas veces se ponen el manto del liderazgo por el manto en sí. El verdadero liderazgo nace de la visión y la estrategia que se basan en la convicción y el propósito. El liderazgo es un medio y no un fin en sí mismo. Si recordamos esto siempre, podemos hacer que nuestros objetivos materiales y específicos sean más nobles. Pocos se sentirán inspirados si su objetivo es el de ser la empresa más grande en su sector –objetivo específico– pero seguramente muchos se inspirarán si el objetivo es mejorar la condición económica de su comunidad, ayudar a que los hijos de sus empleados más fieles puedan asistir a la universidad, o construir un hogar de retiro para su comunidad.

La capacidad de ser de gran valor

Ciertas personas pareciera que nacen con una capacidad especial para ser de gran valor. Sin embargo, muchos de los que parecen tener este don por naturaleza, carecen de otras características como la resolución, la constancia, etc., para hacer de su visión una realidad. Estos son los soñadores que hablan mucho pero hacen poco. Habrá otros que tienen todas las características necesarias para tomar una visión y hacerla realidad, pero que encuentran difícil formular la visión. Esta capacidad para ver el futuro de manera diferente puede ser cultivada por quienes lo desean lo suficiente como para dedicarse a ello.

Por definición, la visión es un concepto que aún no es real. El primer paso para formular una visión es simplemente pensar en lo que podría ser, en lugar de lo que tenemos en el presente. Esto requiere de algo de optimismo; los críticos y escépticos rara vez tendrán sueños o visiones.

Ser optimista no es poca cosa. Hay estudios recientes que indican que casi un setenta por ciento de la población promedio tiene pensamientos negativos acerca de algo o de alguien —o esperan que algo malo suceda—. ¡Lo impactante de este estudio fue que se realizó con estadounidenses, considerados el pueblo más optimista del mundo! ¿Por qué nos permitimos vivir en tal miseria mental? Dichas personas viven vidas amargas, y no llegan a cumplir con su potencial. Solo los que creen que pueden lograr el éxito tendrán el aliento suficiente como para hacer el esfuerzo requerido para logralo.

El paso más importante que podemos tomar es el de ser visionarios, y luego convertir nuestras visiones en éxitos. Para ello, debemos comenzar a pensar lo mejor con respecto a todos y a todo. Aún si nos equivocamos, es mucho mejor equivocarse siendo positivos, sin mencionar el hecho de que disfrutaremos la vida mucho más haciéndolo. Esto nos traerá quizá desilusiones, pero hay cosas peores que la desilusión. Podríamos llegar a no lograr lo que de otro modo nos sería posible.

Todo suceso en nuestra vida puede amargarnos o mejorarnos. La elección es nuestra. Siempre habrá gente y situaciones que nos desilusionen, pero es sabido que las personas funcionan mucho mejor si su motivación es positiva, y no una amenaza negativa. Si queremos lograr lo mejor con nuestro grupo de personas, debemos mantener una actitud positiva respecto de ellos. Esto no significa que dejemos de lado la sabiduría, o que no prestemos atención a las advertencias. Siempre debemos recordar que el logro de toda visión importante requerirá de personas con significado, y que la gente con significado siempre necesitará que se la guíe de manera positiva.

La visión comienza allí donde estamos

Puede usted ensayar su visión allí donde se encuentra. Comience por mirar su trabajo y enumerar todas las cosas positivas que tiene. Luego enumere las cosas que podrían mejorarlo. Y entonces decida que las logrará, para hacerlo el mejor trabajo que existe.

Comience a poner esto en práctica en todas las áreas de su vida. Si su matrimonio no va bien, decida qué es lo que va a hacer para mejorarlo. Si le lleva flores a su esposa ocasionalmente, quizá ella comience a ponerse a dieta. Si hace usted cosas que agraden a su marido, quizá él deje que quejarse de las pequeñeces de usted que lo molestan. ¿Cuál es su visión para su matrimonio o su familia? ¿Qué puede hacer para ayudar a lograr su visión?

Lleve este talento de ver nuevos niveles a su concepto de las personas y las cosas que considera negativas en su vida, con la decisión de mejorarlas. Si realmente quiere llevar esto a un nivel más alto, elija ver lo positivo en las personas o cosas más negativas. ¿Qué puede usted hacer para mejorarlas? ¿Quién es su mayor enemigo? ¿Qué puede hacer para convertirlo en amigo? Quizá no lo logre rápidamente, pero ¿qué podría hacer para que esta persona sea más positiva hacia usted?

La medida de quién somos en esta vida, será determinada mayormente por las cosas que hemos podido hacer para mejorar aquello que podía mejorarse. Practique esto en todas las áreas de su vida. Cuente sus éxitos y mida su progreso. Encontrará que cada logro lo llevará a otros aún mayores. Si aprende lo que se requiere para mejorar su matrimonio, luego sabrá cómo hacer para mejorar su empresa o su barrio. Si hace esto, sus vecinos lo querrán como intendente para mejorar su ciudad.

Construya su vida sobre los logros y el progreso, y crecerá usted en su capacidad de mejorar las condiciones de todo y de todos en su vida. Será natural para usted ver que todo puede ser mejor, lo cual conforma la esencia de la visión.

Registre la visión

Tómese unos minutos para anotar los objetivos en los que pensó mientras leía los párrafos anteriores. Como ayuda, quizá le sirvan estas preguntas:

- Objetivo general en la vida: ¿Cuál es el objetivo más importante para usted en su vida? Respuestas posibles: escribir un libro, iniciar un negocio, ser votado como candidato, ser líder de la iglesia, etc.

- Objetivo familiar: ¿Cuál es su objetivo más importante para su familia? Piense en cada miembro por separado. Quizá quiera preguntarles cuáles son sus propios objetivos, y agregar los suyos.

- Objetivo financiero: ¿Cuál es su objetivo financiero? Puede incluir ser propietario de una casa, pagar sus deudas, conseguir cierto capital, etc.

- Objetivo de placer: ¿Cuál es su mayor objetivo de recreación o placer? Puede ser tener una casa de vacaciones, un barco, ser piloto, etc.

Sería útil anotar cada objetivo en un diario, para poder revisarlos periódicamente y medir su progreso. Esto nos lleva al talento fundamental de todo líder exitoso.

Desarrollar un plan

Como mencioné anteriormente, saber diseñar un plan es la característica que separa a los exitosos de los soñadores. Aún cuando tengamos los objetivos más nobles y adecuados, nuestra posibilidad de lograrlos será remota si no tenemos un plan.

Más que su genio, a Napoleón fue el compromiso para planificar lo que lo hizo ser tanto más exitoso que los generales a quienes derrotaba. Estudiaba sin cesar, miraba los mapas de los posibles campos de batalla, estudiaba los informes de inteligencia acerca de la fuerza y disposición del enemigo. Y también estudiaba la historia y la personalidad de sus oponentes.

Como en la mayoría de las empresas, las batallas casi nunca resultan como se las planifica. Napoleón era un planificador tan incansable que peleaba la batalla muchas veces en su mente antes de que en realidad sucediera. Esto lo preparaba para poder enfrentar cualquier contingencia. Su plan revisado se implementaba mientras sus adversarios recién comenzaban a estudiar el mapa para ver qué harían. A causa de su organización y planificación, siempre podía estar un paso más adelante que sus oponentes, los mantenía siempre a la defensiva y aprovechaba oportunidades que no se presentaban para quien no estuviera preparado. La disciplina en la planificación puede lograr esto para nosotros.

Planificar es un arte y una disciplina. Hasta el artista más grande debe desarrollar su capacidad. Lo mismo sucede con la capacidad de planificar de un líder. La planificación efectiva requiere de la capacidad para asimilar y organizar los hechos que tienen que ver con la realidad que enfrentamos. Luego debemos poder ver los hechos de modo que produzcan una comprensión que nos muestre las ventajas y el éxito. Hablemos un poco sobre este proceso, y veamos las tres partes que lo componen:

Establezca el o los objetivos: Esto lo hicimos en nuestro ejercicio anterior. Planificar requiere de la capacidad de visualizar el futuro y luego diseñar una ruta. Jamás sabremos dónde trazar la ruta si no sabemos dónde queremos llegar.

Encontrar y organizar los hechos necesarios: La capacidad para investigar es importante en sí misma. Debemos determinar primero dónde encontrar los hechos más importantes. ¿Cómo filtrar toda la información para obtener justamente lo que necesitamos? Es aquí donde muchos líderes quedan empantanados, porque se concentran en el concepto y no en los detalles. Aquí es donde el líder potencial muchas veces se pierde.

Trazar un plan: El primer paso para hacer un buen plan es saber que podemos cambiarlo. Por eso, no se preocupe por hacer un plan perfecto, porque podrá hacer ajustes a medida que avanza.

Tome los objetivos enumerados y escriba un plan para cada uno. Escriba las preguntas que le vienen a la mente, como: ¿Cuál será el primer paso? ¿Cuáles serán los pasos siguientes? ¿Dónde habrá posibles obstáculos? ¿Qué posibilidades y oportunidades tengo para lograrlo ahora? ¿Qué recursos necesito? ¿Con qué recursos cuento? ¿Quién ha logrado esto antes que yo, y cómo lo hizo? Sería buena idea hacer un plan con plazos a un año, cinco años, etc.

Cuando haya terminado de diseñar su plan, quizá quiera jugar el juego fatal del enemigo. Si fuera usted enemigo de su plan, ¿qué haría para detenerlo? Esto le ayudará a ver sus debilidades potenciales, o los problemas graves no aparentes.

Este capítulo fue una revisión y un intento por afianzar lo que ya cubrimos como esencial, lo que debemos retener. El objetivo de este libro no es el de enseñar principios de liderazgo y nada más, sino el de inspirar a los líderes para que sean mejores. Esto solo sucederá si retenemos e implementamos lo que aprendemos. Los líderes no solo saben lo que hay que hacer: lo hacen.

Capítulo trece

El carácter, la voluntad y la sabiduría

La historia demuestra que aún los líderes más destacados, sin importar cuán brillantes fueran, llegarían al fracaso, a menos que sus vidas estuvieran basadas en el honor, la moral y el carácter. En esta parte examinaremos con mayor profundidad las características que conforman este fundamento esencial para el éxito de un líder. La primera característica es:

La voluntad

En el último capítulo hablamos de la necesidad esencial de los líderes: la visión y la capacidad de formular un plan factible. Muchos tienen esta capacidad, pero aún así fracasan, porque no tienen la decisión, el coraje y la constancia de seguir hasta lograr su objetivo.

"El conocimiento es poder", dice el refrán. El conocimiento es esencial para lograr cualquier cosa que nos propongamos, por lo cual será necesario buscar el conocimiento. Pero si no le agregamos coraje y sabiduría, probablemente logremos muy poco, aunque el conocimiento sea extenso y vasto. El coraje es la voluntad de aplicar el conocimiento. La sabiduría es la capacidad de aplicar el conocimiento de manera adecuada. Sin sabiduría ni coraje, el conocimiento causará en nosotros la "parálisis del análisis". La organización y la preparación deben llevarnos a la acción, a la implementación de nuestro plan.

Ya dijimos anteriormente que quizá jamás sintamos que estamos totalmente preparados o confiados acerca del momento adecuado para comenzar. Por eso, se requiere de gran coraje para dar el primer paso. Las circunstancias pueden sobrevenir sin aviso, y se requerirá que actuemos aunque no sintamos que estamos totalmente preparados. En estas situaciones pareciera que cuando comenzamos a actuar y ponemos nuestro mejor esfuerzo, la confianza y la sabiduría aparecen por sí mismas. Un líder debe orientarse a la acción y no solo a la teoría y la planificación. La capacidad para planificar es esencial para lograr el éxito, pero debe ir unida a la voluntar de ponerse en acción.

Un líder, como el capitán de un barco, debe saber hacia dónde va y cómo llegar, antes de zarpar del puerto. También debe poder hacer modificaciones y ajustes a su plan durante la travesía. Se requerirán modificaciones después de las tormentas, fallas mecánicas u otras sorpresas. Es importante tener la resolución de mantener el curso si es posible, pero también es importante saber cuándo ajustarlo, o volver a él después de un desvío. Si esta sabiduría hubiera acompañado al Capitán Smith, del Titanic, es muy posible que el barco no se hubiera hundido. La resolución de mantener el curso es importante, pero puede ser fatal si no está equilibrada por la sabiduría.

Mantenga sus prioridades

Muchos líderes se ven impedidos de desarrollar sus capacidades, porque se concentran demasiado en lo que es poco importante. Hay un dicho popular que dice: "Cuida tus centavos, porque los millones se cuidan solos". ¡Probablemente sea verdad, porque si el líder de una organización se toma el tiempo para contar los centavos, quizá no haya millones de qué preocuparse! Delegue esta tarea en alguien más. El líder debe ocuparse de lo más importante.

Si no controlamos el tiempo que le dedicamos a nuestro emprendimiento, veremos que un diez por ciento de este requiere del noventa por ciento de nuestra atención. En muchos casos, esto hace que el líder se consuma, y que la empresa pierda. Si lideramos debemos aprender a delegar los detalles y prestarle atención al liderazgo y la planificación. Este es un desafío para los líderes que por naturaleza son activos y quieren involucrarse demasiado. Pero es necesario aprender a delegar si queremos cumplir con nuestro potencial.

Aprender a priorizar nuestras tareas puede multiplicar nuestra productividad. Un sistema simple de clasificación nos será de gran utilidad. Mantenga una lista de "cosas por hacer". Si su sistema de clasificación tiene la prioridad más importante como número uno, no trabaje en el número dos hasta el final. Quizá pierda algunos centavos, ¡pero lo sorprenderán los millones que vendrán detrás!

Debemos mantener nuestras prioridades en el orden correcto, y para ello es necesario dejar de enfocarnos en nosotros mismos. Pocos imperios, civilizaciones o empresas han sido derrotados por enemigos externos: casi siempre perecen por el cáncer menudo que resulta de su prosperidad. El cáncer es una célula que consume todo para sí, sin que le importe el resto del cuerpo. En cierto sentido, el cáncer es la personificación de la auto concentración y el egocentrismo.

Para impedir esto debemos establecer valores y morales personales que no pondremos en juego, ni siquiera por el bien de la empresa. ¿Cuáles serán? ¿Mentir, y ser mentiroso vale la pena? ¿Herir a otros vale la pena? Las respuestas a estas preguntas podrían ser un sí, en el caso de la Segunda Guerra Mundial. La utilización del engaño fue crucial para el éxito de muchas operaciones. Y a veces debió elegirse un curso que causaría la muerte de civiles, pero tenía la posibilidad de dar por finalizada la guerra más rápidamente, y salvar así muchas vidas. El liderazgo a veces requiere de elecciones difíciles.

En muchas áreas, la civilización occidental ha alcanzado los más altos parámetros de honor, justicia, moral y aprecio por la vida. Es aparente que estas cualidades son la base del progreso de Occidente. Pero hoy son puestas a prueba. Por ejemplo, el aborto es una de esas pruebas. Algunas personas creen que llegará a ser un tema de división, como lo fue la esclavitud en el siglo pasado, o que será aún peor. Hay quien ve el aborto como un tema de elección personal, y otros que lo ven como la medida del aprecio por la vida, y aún otros que lo ven como un tema de libertad.

En la naturaleza, la preservación de la vida es la motivación más básica y poderosa. Por ello, con la excepción de unas pocas formas básicas, la familia es el seno de la vida en sí. Hay pocas criaturas que no estén dispuestas a sacrificar sus vidas por el bien de sus crías. Por ello no parece ser accidental que la primera prueba de la sabiduría del rey Salomón se refiriera a la santidad de la vida desde el punto de vista de una madre. La primera prueba de la sabiduría de un gobierno es su compromiso con la vida. Sin embargo, hay quienes piensan que la libertad de una mujer y su capacidad de vivir la vida que desea, tiene prioridad por sobre el derecho de un niño aún no nacido.

Estos son temas básicos. Hoy nos enfrentamos con la posibilidad muy real de la clonación; la definición de nuestros valores y la de la vida podrá tener consecuencias enormes y terribles para nosotros como civilización. Cuando Alemania sucumbió a la idea de una raza dominante, pronto comenzaron a destruir a todos los que fueran física o mentalmente inferiores a la definición de lo que debía llegar a ser el pueblo alemán. Algunas de las almas más grandes de la historia no habrían pasado la prueba como para merecer vivir en la Alemania nazi, ya que decenas de miles de niños desaparecieron. Esta gran nación pasó de ser una de las más civilizadas y nobles, a la cruda barbarie en solo unos pocos años.

Es antinatural que una madre destruya a su hijo antes o después de nacer, y la aceptación de la barbarie en su forma más inhumana y vil revela un alejamiento de la civilización. La resolución del tema del aborto nos da la oportunidad de proveer liderazgo al mundo, para encontrar parámetros más altos de moralidad, justicia y aprecio por la vida. Si fallamos en resolverlo con coraje y honor, y no solo con la ley, por cierto habrá un quiebre en nuestro fundamento de honor y moralidad, y eventualmente podremos llegar a alguna forma de tiranía.

Que algo sea legal, no quiere decir que esté bien. Hay leyes fundamentales que prevalecen en la naturaleza, y que revelan mucha más sabiduría de la que pueden demostrar los políticos.

La verdadera moralidad no tiene mucho que ver con cumplir la ley; la verdadera moralidad es hacer lo que esté bien, sin importar si seremos reprimidos o castigados por ello. Una civilización que no se basa en la ley, será vulnerable al despotismo y la tiranía. Pero una civilización que no puede ver por encima de la ley para vivir no solo dentro de lo legal, sino también dentro de lo moral, ha perdido su humanidad y su potencial para la verdadera grandeza. La falta de leyes siempre resulta en tiranía. Y la incapacidad de ver por encima de la ley también resulta en tiranía. La preservación de la vida es fundamental para la naturaleza y la moralidad.

Aún así, ¿podemos apedrear a la madre que aborta si nosotros mismos sacrificamos a nuestros hijos en los altares de los dioses menores de la ambición egoísta y el éxito personal? ¿Podría el mayor de los éxitos en nuestras empresas interpretarse como algo más que un terrible fracaso humano si en el proceso perdemos a nuestros hijos? ¿Quién puede contar los "exitosos" hombres de negocios, deportistas, entrenadores y hasta líderes de la iglesia, que han logrado sus objetivos solo para decir que lo dejarían todo con tal de tener de vuelta a sus familias? La primera condición que Dios identificó como algo que no estaba bien, fue el hecho de que el hombre estuviera solo. La soledad no es buena, y allí terminaremos si no le damos a nuestras familias el lugar que merecen. Este libro no tiene como objetivo ser un manual de consejería familiar. Sin embargo, si tiene usted familia, seguramente será gran fuente de motivación, o gran carga que impida que podamos perseguir nuestro objetivo. El modo en que valoremos a nuestra familia, por cierto dependerá de nosotros. Si nuestro amor por nuestra familia es mayor que el que sentimos por nuestra empresa, todo lo demás aumentará en consecuencia. Por lo general, la devoción al ego va aparejada a menor productividad. Fuimos creados para necesitar a otros, y la motivación de hacer cosas por otros es una de las más grandes. La familia es primordial. La historia demuestra que la manera más rápida para destruir una civilización es destruir el tejido moral basado en la estima por la familia. Todos los demás parámetros de significado y moralidad se derrumban fácilmente si se diluye el mayor impulso de la vida: la familia.

Después de nuestra familia, lo siguiente en nuestra lista de prioridades deben ser las demás personas. ¿Vemos nuestra iniciativa como una "cosa" o como las personas que comprende?

Las personas son más importantes que las cosas. Si personaliza su iniciativa, su gente se verá motivada al éxito por una de las fuerzas más grandes que existen. En cuanto sea posible, el objetivo principal del líder debe ser el de hacer que su grupo de seguidores se vea como una familia. Este sentido de la identidad será su mejor posibilidad para motivarlos a la solidaridad, en lugar del egoísmo que siempre obra en contra de la visión y el propósito básicos de su iniciativa.

Constancia

Constancia: término utilizado originalmente en navegación, con el significado de mantener firme el curso del barco. También era la capacidad de volver al curso después de que hubiera sido necesario desviarse, de modo de llegar a destino. Para lograr esto, el objetivo o destino debe tener más poder en su vida que la cantidad enorme de presiones externas que intentarán disuadirlo. La capacidad de hacer esto dependerá mayormente de lo bien que se haya preparado para el viaje, con todas sus posibles dificultades, tormentas y conflictos.

Como piloto, muchas veces he enfrentado tormentas tan fuertes que se me hacía difícil leer las cartas de navegación. Habría estado en graves problemas si no me hubiera preparado para el vuelo. Durante esas tormentas agradecí el no haber buscado atajos en mi capacitación, y el haber estudiado mi ruta de vuelo a conciencia antes de despegar.

Antes de cada vuelo debía memorizar las frecuencias y escalas importantes, además de los aeropuertos alternativos que podía alcanzar con el combustible disponible. Regularmente repasaba los procedimientos de emergencia en caso de fallas mecánicas, qué instrumentos perdería si mis sistemas eléctricos o de presurización fallaban, y el modo en que compensaría dichas fallas, etc. En la mayoría de mis vuelos, esto parecía ser una pérdida de tiempo, pero hubo ocasiones en que sabía que todo mi esfuerzo había valido la pena. He tenido situaciones de fallas mecánicas, rayos, fuego y tormentas. En la mayoría de estas situaciones apenas se me aceleró el pulso porque yo *estaba preparado* y sabía qué hacer.

La falta de preparación puede causa pánico fatal, mucho más peligroso que la emergencia en sí. Toda empresa tendrá emergencias.

Nuestra preparación en tiempos de calma relativa tendrá mucho que ver con el modo en que actuamos durante una crisis.

La paz mental es uno de los activos más valiosos en un líder. La preocupación nubla nuestro criterio y consume mucha más energía que la que necesitamos para actuar. La tensión nerviosa también es el peor enemigo de la planificación y el pensamiento claro. Además de prepararnos para el curso, hay otros factores que nos ayudarán a mantener la paz mental.

El General Robert E. Lee y Stonewall Jackson eran hombres que creían sinceramente que había Alguien superior a ellos, que ordenaba los asuntos de los seres humanos. Esto les permitía mantener la paz mental aún ante los mayores conflictos, la confusión y la presión. Algunos historiadores sugieren que fue esta la principal ventaja que tenían estos generales sobre sus adversarios. La paz mental es por cierto una de las posesiones más preciosas, una de las mayores ventajas que podemos tener, y debería ser un objetivo en sí misma. La preocupación jamás hará que suceda lo que queremos, ni nos mantendrá exentos de que suceda lo que no queremos. Es un ejercicio inútil, que no está a la altura de un verdadero líder.

Capacidad de soportar

La capacidad de soportar los inconvenientes hasta el momento de *completar* nuestra tarea, es similar a la constancia. Este es un problema serio con quienes tienen gran capacidad de liderazgo, porque los líderes muchas veces encuentran que es más excitante iniciar una tarea que completarla. Como resultado, tienen una cantidad de proyectos sin terminar, dormidos. Mientras tanto, este tipo de personas suelen ir en busca de un nuevo emprendimiento que les interese.

La capacidad de terminar el trabajo es tan importante como la de reunir los recursos y energía necesarios para iniciarlo. Esto requiere de *disciplina*. El trabajo incompleto por lo general indica que nos alimentamos de la energía emocional, y no de la visión sincera y concentrada en el objetivo. Es por esto que algunos de los mejores vendedores del mundo siguen siendo pobres; pueden entusiasmar a un esquimal para que les compre nieve, pero no logran hacer que firme el contrato de compra. Estos vendedores se sienten satisfechos al persuadir a otros, y no al lograr el negocio. ¡No hemos logrado el éxito hasta tanto *hayamos completado la tarea!*

Integridad

La integridad es más que la mera honestidad: es hacer lo que está *bien.* Es la libertad de toda influencia o práctica corrupta, mientras hacemos lo que predicamos. Es hacer lo que nuestra conciencia nos indica aún cuando quedemos solos. Es el coraje de defender nuestras convicciones. Es buscar siempre un valor moral más alto que el habitual. Porque el verdadero líder siempre va en busca de parámetros más elevados. Es también el coraje y la honestidad de admitir errores y fracasos, y de aceptar nuestra culpa por ellos.

Hasta los más grandes líderes cometen errores. Cuanto mejor líder sea usted, tanto más visibles y costosas serán sus equivocaciones. El recuperarnos de nuestros errores es una prueba importante de nuestra capacidad como líderes. La recuperación completa no puede suceder si no aceptamos nuestros errores y nuestra responsabilidad en ellos. Los líderes más grandes aprenden a convertir sus errores en oportunidades para el logro y la victoria. En muchos casos, los fracasos se transforman en la mejor oportunidad para la victoria. Wellington, Napoleón y Lee lograron algunas de sus más grandes victorias porque tenían la capacidad de convertir los logros de su enemigo en trampas para derrotarlo. Los japoneses utilizaron la derrota en la guerra como trampolín para la victoria económica en tiempos de paz. La visión y el liderazgo pueden convertir la peor catástrofe en una oportunidad.

El General Lee jamás culpó a nadie más que a sí mismo por su derrota en Gettysburg. Sus subordinados le fallaron algunas veces en esa batalla. El efecto final de dichas fallas le hizo tomar la decisión desesperada que los llevó a la derrota. Pero Lee nunca mencionó las fallas de sus subordinados. Después de la guerra, cuando uno de estos generales pública y amargamente culpó a Lee por la derrota, este estuvo de acuerdo con él. Esta humildad hizo que todo el mundo lo apreciara y se convirtiera en uno de los hombres más respetados, aún por sus enemigos, en la nación, después de la guerra. Su humildad pronto hizo que hasta sus peores críticos lo reconocieran como un gran hombre. Cuando murió, toda una nación lloró a su hijo.

La historia lloró a su hijo

La historia de Lee después de su derrota fue quizá mayor que la que logró durante la guerra. Casi todos concuerdan en que su liderazgo por lograr la reconciliación entre el Norte y el Sur fue más importante para la restauración de la nación, que cualquier otro factor. Lee estableció un parámetro de integridad personal, reconciliación y perdón. Su liderazgo después de la guerra impidió años de guerras internas y la consiguiente destrucción; bregó porque las heridas sanaran.

Un gran líder debe poseer la confianza y la seguridad de aceptar la verdad sobre sí mismo y las consecuencias de sus actos. Los más grandes líderes son los que mejor pueden enfrentar los fracasos. Porque todos fracasamos en algún momento. Quienes alardean de no, están en falta con el juego de la verdad. El fracaso, de hecho, puede ser una gran oportunidad para éxitos futuros si aprendemos sus lecciones en lugar de poner excusas. Como dice el refrán: "El que es bueno para fabricar excusas, rara vez lo es para ninguna otra cosa". Las victorias más grandes son las que se sobreponen a derrotas pasadas.

La honestidad también es un requisito esencial para la paz mental. Jamás tendremos paz si nos preocupa que alguien nos descubra. Lo que logremos con mentiras o engaños no vale el precio que pagamos cuando llegamos a los cuarenta años con un corazón de ochenta. La honestidad trae respeto e inspira a los que nos siguen, más que ninguna otra cosa que hagamos. El respeto por nosotros mismos que ganamos al ser honestos dará mayores dividendos a largo plazo, que todo lo que podamos ganar mediante engaños.

Coraje

El coraje es la cualidad de la mente y el corazón que hace que resistamos ante la tentación de abandonar o retroceder ante la oposición, el peligro o la tribulación. Esto implica reunir todos nuestros poderes para alcanzar el objetivo. El coraje es la firmeza de espíritu, la columna vertebral que al tiempo de permitirnos ver los riesgos, nos hace seguir insistiendo hasta lograr el éxito.

Habrá obstáculos y vallas antes de que logremos nuestro objetivo. El modo en que enfrentemos estos problemas determinará nuestro éxito o fracaso. Hay cuatro maneras básicas para enfrentar los problemas: dos de ellas llevan al fracaso, una de ellas hace que el éxito sea más difícil, pero aún así, deja a la vista el potencial para lograrlo. Solo una de estas maneras de enfrentar los problemas nos da *posibilidades* de llegar al éxito. Vamos a verlas por separado:

1. La primera manera en que podemos responder a un obstáculo es permitir que nos haga retroceder. Este curso lleva al fracaso y revela la falta de coraje, resolución y liderazgo requeridos para el éxito de cualquier emprendimiento.

2. La segunda manera es dejar que el obstáculo nos detenga. No retrocedemos, pero tampoco avanzamos. Y aún si nos aferramos a nuestro sueño u objetivo, y permitimos que los obstáculos nos detengan, nos sentiremos derrotados y frustrados a perpetuidad.

3. La tercera manera de enfrentar un obstáculo es dejar que nos haga cambiar el curso. Hay algunos obstáculos que nos hacen cambiar nuestro plan, pero esto, por supuesto, implicaría que la opción es la mejor. El cambiar el curso aún puede permitirnos lograr el éxito, pero si somos propensos a permitir que los obstáculos nos hagan cambiar el curso con facilidad, la posibilidad de éxito disminuye notablemente.

Se requiere de verdadera sabiduría para discernir cuándo cambiar nuestro plan. A veces debemos dejar que la sabiduría domine al coraje y la resolución para poder lograr el éxito. Hitler insistía en tomar Stalingrado, y esto habrá requerido más coraje y resolución, pero fue poco sabio hacerlo y llevó a la derrota no solo en Stalingrado, sino en toda la guerra. Conquistar Stalingrado era uno de los objetivos de Hitler, pero no era esencial para lograr su objetivo mayor de conquistar Rusia. Si tan solo hubiera rodeado esa ciudad, probablemente habría logrado su objetivo final. Su insistencia en tomar esa fortaleza resultó en el derroche de un ejército entero, que fue destruido por completo en una única batalla. La resolución y el coraje son esenciales, pero deben estar controlados por la inteligencia.

4. La cuarta manera de enfrentar un obstáculo es venciéndolo al quitarlo de nuestro camino, en lugar de permitir que nos haga

cambiar el curso. Por lo general es esta la mejor manera de enfrentar un obstáculo, y debiera ser nuestra primera opción.

El coraje es esencial para el liderazgo, pero debe estar templado por la visión y la estrategia, y mantener nuestro objetivo final en mente como prioridad, para que nuestros éxitos secundarios no nos distraigan y derroten. George Washington es un buen ejemplo del equilibrio entre el coraje y la visión concentrada en el objetivo final. Muchas veces hubo hombres ambiciosos que buscaban su posición como Comandante en Jefe del Ejército Continental. A menudo se sintió tentado a defenderse atacando la integridad de estos hombres. Pero resistió a la tentación porque sabía que tal bajeza destruiría la unidad de los trece Estados, y permitiría que los británicos los vencieran. Washington necesitó más coraje para mantenerse por encima de las internas políticas que para ganar la elección.

Lealtad

La lealtad es mantenerse fiel a los principios, al plan y a las personas. Un camaleón social que cambia de acuerdo a cada nuevo grupo o entorno, no tiene las características básicas de un verdadero líder. El líder de verdad no cambia fácilmente, sino que tiene la fuerza de carácter como para modificar el entorno o la opinión de la turba.

Si esperamos que otros sean leales para con nosotros, debemos dar el ejemplo. Si somos leales no bajaremos al nivel del chisme, ni criticaremos a los que están debajo de nosotros. El verdadero líder no crece porque haga más pequeños a los demás. Crece porque siempre busca parámetros más elevados, y no sigue lo que otros hacen o dejen de hacer.

Iniciativa

Obviamente, un líder tiene que buscar y aceptar responsabilidades. La mitad de la victoria por lo general consiste en iniciar la lucha. Quienes toman la iniciativa suelen ser capaces de mantenerla, y así obtienen grandes ventajas.

Se dice que hay básicamente tres tipos de personas en el mundo: los que miran lo que está pasando, los que hablan acerca de hacer que algo suceda, y *los que en verdad hacen que suceda*. Hay muchos buenos atletas que jamás llegan a jugar un juego porque nunca dieron el primer paso de probarse para el equipo. Si quienes pasan sus vidas soñando con ser grandes músicos pasaran la misma cantidad de tiempo practicando en lugar de soñar, ¡habría otros que soñarían con ser como ellos! Pocos de los que hablan acerca de hacer grandes cosas hacen algo, grande o pequeño. Todo viaje comienza con un paso; si no sabe usted cómo dar ese paso, no irá a ninguna parte.

Capítulo catorce

El coraje que cambió al mundo

Esta es una historia breve e inspiradora acerca de los caballeros de San Juan, en la Edad Media. Incluye algunos de los ejemplos históricos más importantes sobre lo que puede lograrse cuando se vive según los más altos principios del liderazgo. En contra de todo, y según los cálculos de los historiadores con un noventa y nueve por ciento de obstáculos contra un uno por ciento de posibilidades, esos valientes caballeros enfrentaron a uno de los ejércitos más poderosos de su tiempo, y ganaron. Su historia vale la pena de ser relatada, como uno de los más importantes ejemplos de liderazgo que haya visto el mundo.

En la época en que la Europa cristiana sucumbía a la creciente división y el conflicto interno, el Imperio Otomano del Islam unificaba al mundo musulmán. Luego de echar a los Cruzados de Palestina, el Islam volvió su atención a la conquista de Europa. A causa de los conflictos internos en dicho continente, no había quien pudiera reunir un ejército cristiano que se enfrentara a las hordas de Oriente. Para los turcos Europa era como un cofre de tesoros con la tapa abierta.

En 1309 los Caballeros de la Orden de San Juan conquistaron la isla de Rodas. Esta isla se hallaba casi junto al corazón del Imperio Otomano, pero los caballeros vieron que su ubicación era conveniente. La Orden comenzó a construir rápidamente una serie de fortificaciones y los marinos de Rodas, que tenían siglos de reputación y experiencia, comenzaron a enseñarles su oficio a los caballeros. La Orden entonces construyó barcos para atacar a las naves musulmanas. Los otomanos les tomaron odio, pero los caballeros aumentaron la valentía de sus redadas. Sin embargo, la Orden era tan eficiente en el mar, que los otomanos se sintieron desalentados y perdieron el propósito de convertirse en una gran potencia naval.

A medida que la Orden se convertía en una grave amenaza para las líneas de provisión de los ejércitos islámicos que se preparaban para conquistar a Europa occidental, se decidió que había que hacer algo. Finalmente, Mehmet llegó a ser sultán y se convirtió en uno de los líderes más distinguidos de la historia. Era un hombre brillante que hablaba seis idiomas y poseía gran conocimiento de la literatura y la ciencia. En poco tiempo Mehmet reunió la excelencia cultural y militar de su pueblo, lo llevó a un nivel muy superior al de las grandes naciones de Europa. Como su odio hacia los caballeros aumentaba, decidió que enviaría fuerzas para deshacerse de esta molestia.

Aunque los monarcas de Europa estaban contentos de que los Caballeros lograran al menos distraer a los turcos, los despreciaban por ser "arcaicas reliquias del pasado". Cuando la Orden pedía provisiones y refuerzos para resistir a la inminente invasión del ejército musulmán, toda Europa se negó a ayudarlos. Consideraban que la pequeña Orden estaba destinada a la derrota, y que toda ayuda sería un desperdicio. Aún así los Caballeros decidieron no retroceder, juraron aceptar la muerte antes que la rendición de siquiera un metro de terreno ante los enemigos de la cruz.

La primera batalla de Rodas

En ese entonces, la teología de Jihad era popular en Islam. Jihad es una Guerra Santa para conquistar el mundo por la fuerza para Alá. La guerra era glorificada entonces, y la muerte en Jihad garantizaba un lugar en el cielo, sin que importaran los pecados pasados. Cuando los líderes religiosos proclamaban que un conflicto era parte de la Jihad, las puertas del cielo se abrían para quienes ofrecieran su vida por la causa. Las multitudes veían esto como una oportunidad para ganar el cielo, a pesar de su promiscua vida del pasado, por lo que en verdad esperaban morir en la batalla. Esto hacía que los guerreros del Islam fueran los más feroces y temidos del mundo.

Mehmet también era un conquistador que seguía los pasos de Alejando el Grande. Marchó sobre la gran ciudad de Constantinopla y la conquistó. Luego puso sus ojos en el resto de Europa. Pero antes de poder tomar al resto de Europa, tenía que hacer algo respecto de los molestos caballeros que en Rodas seguían atacando y devastando sus líneas de aprovisionamiento.

En 1480 Mehmet envió a sus generales más capaces con un ejército de setenta mil hombres para que derrotaran a los seiscientos caballeros y entre mil quinientos y dos mil soldados de Rodas. Aunque los caballeros eran pocos, habían demostrado ser tan capaces en conflictos previos que Mehmet no quería correr riesgos. Parecía que el sitio de Rodas fuera breve y decisivo.

Después de desembarcar, el ejército de Mehmet comenzó a disparar balas de cañón para derrumbar las murallas que la Orden había levantado a lo largo de un siglo. Muchos cañones dispararon sus proyectiles por encima de las murallas también. El Gran Maestro de la Orden era un francés llamado d'Aubusson. Era un destacado líder que había tenido la previsión de preparar a sus caballeros para un sitio, porque sabía que eso ocurriría en algún momento. Hasta había hecho construir refugios para los aldeanos, para que pudieran escapar del bombardeo. Como sabía que podían esperar poca ayuda de Europa, o ni siquiera nada de ayuda, d'Aubusson de todos modos había decidido que se mantendrían firmes mientras hubiera al menos un caballero que pudiera blandir su espada o tensar su arco.

A comienzos de junio, después de días de bombardeo, la primera ola de tropas de asalto atacó la Torre de San Nicolás, una fortaleza en las afueras de la ciudad. Los musulmanes se sorprendieron ante la resistencia con que se encontraron, y fueron repelidos después de sufrir muchas bajas. Inmediatamente comenzaron con otro bombardeo general que disparó más de mil balas de cañón sobre la ciudad durante varias semanas. Las murallas comenzaron a derrumbarse, mientras los turcos acercaban sus trincheras cada vez más. Por la noche, había fuegos por todas partes, producto de las granadas y los proyectiles incendiarios. Quienes presenciaron esto declararon que ni siquiera una escena del mismo infierno podría ser peor. Pero los caballeros siguieron en pie.

Luego, atacó con una ola humana de asalto, bajo el liderazgo de los temibles janisarios –reconocidos como los más feroces luchadores del mundo–. Cada janisario era seleccionado desde que tenía siete años, por su potencial físico, y entrenaba durante toda su vida para el combate. Se les prohibía el matrimonio o cualquier otro tipo de compromiso afectivo o familiar, para que enfocaran todas sus energías y emociones en la batalla. El asalto comenzó por la noche, porque creyeron que los caballeros estarían durmiendo. Pero se equivocaron. La noche se llenó de espadas, flechas y disparos. Al amanecer, había legiones de cadáveres de janisarios en las fosas que rodeaban a la torre de San Nicolás, y los caballeros seguían en pie sobre las murallas casi derrumbadas.

Los generales turcos no podían creer esta desventaja militar. Recurrieron a subterfugios para hacer salir a los caballeros de su ciudad fortaleza. Plantaron agentes en la ciudad, haciéndoles fingir que eran desertores de su religión y querían convertirse al cristianismo –muchos de los soldados turcos eran cautivos provenientes de naciones cristianas–. Estos espías pronto crearon problemas tácticos para los caballeros que ahora sufrían presiones desde el exterior y el interior. Cada día presentaba una nueva crisis que amenazaba su existencia. Las fortificaciones caían por doquier, aún en los puntos más estratégicos. Pero seguían en pie. Luego los turcos comenzaron a preparar un gran ataque final, considerado como el último por ambos lados.

El gran ataque comenzó el 27 de julio. Los caballeros y sus milicias tomaron sus posiciones sobre lo que quedaba de las murallas. El sultán envió primero a sus tropas Bashi-Bazouk. Eran los mercenarios, descartables a sus ojos. Los defensores los eliminaron uno a uno, fila tras fila. Sus cuerpos llenaron las fosas y los arroyos, formaron puentes humanos que llevaban hasta las murallas, lo cual había sido la estrategia de los generales turcos desde el principio. Luego los defensores heridos y cansados observaron cómo las hordas de temibles janisarios avanzaban por sobre los cuerpos, con mayor resolución ahora a causa de su anterior humillación.

Los turcos tomaron rápidamente la estratégica Torre de San Nicolás, escenario del ataque principal durante dos meses. Según lo prometido, los caballeros defendieron cada metro de terreno, y los turcos pagaron un alto precio. Con una flecha clavada en el muslo, d'Aubusson lideraba a una docena de caballeros y a tres porta estandartes por una escalera hacia la parte superior de la muralla. Allí d'Aubussón fue herido cuatro veces más, hasta que un janisario de tamaño gigante le clavó una lanza que atravesó su armadura y le perforó el pulmón. Lo arrastraron fuera del campo de batalla, en el momento en que el enemigo abría una brecha en las murallas para entrar en la ciudad. Parecía cierto el final de los Caballeros de San Juan.

En combate cuerpo a cuerpo, por sobre los escombros humeantes y en medio del fuego, en el peor infierno que el hombre hubiera podido crear sobre la Tierra, los turcos siguieron atacando a los caballeros que quedaban. Aún entonces la tenacidad de los caballeros y su capacidad por derrotar a los soldados enemigos hizo que los turcos se sintieran sorprendidos, y luego desalentados. La resolución de los janisarios se vio sacudida mientras caían sus hombres, uno tras otro, a manos de los defensores. La batalla seguía, parecía no tener fin.

Luego, por encima del humo y el caos de este terrible infierno, aparecieron los estandartes de d'Aubusson sobre uno de los parapetos que aún quedaban en pie. Eran sostenidos por tres portadores con brillantes armaduras. Se veían como dioses desde el infierno al pie de la muralla. El efecto sobre los musulmanes fue casi electrizante, y una ola de miedo invadió al ejército. Los bashi que quedaban comenzaron a escapar, con tal terror, que contagiaron a los janisarios. El ejército musulmán empezó a dispersarse en confusión, retrocedió en el momento en que la victoria total estaba justamente a su alcance.

Mientras los musulmanes escapaban, los defensores de Rodas comenzaron a echarles fuego encima. Los caballeros que quedaban sacaron fuerzas de donde no las tenían para contraatacar, e hicieron que las tropas del sultán retrocedieran hasta su campamento de base. En diez días, el ejército del Imperio Otomano abandonó la isla, escapó de los caballeros. Para sorpresa del mundo entero, la Orden de San Juan no solo había sobrevivido, sino que había vencido. Toda Europa celebró. Todo el Islam se enfureció.

El Islam en jaque

El gran ejército de Mehmet, aparentemente inconquistable, había sido vencido por una fuerza tan pequeña que esto se vio como un milagro militar de proporciones bíblicas. La orden que en Europa era considerada una "arcaica reliquia del pasado", ganó nueva prominencia y la posición de salvadora de Europa. Pero los caballeros no perdieron el tiempo en celebraciones.

Inmediatamente comenzaron a reconstruir sus fortalezas, pues esperaban un ataque aún más feroz. Y tuvieron razón. Los otomanos no podían avanzar hacia Europa si los caballeros seguían dominando Rodas y amenazando sus líneas de aprovisionamiento. Los caballeros sabían que ahora eran más odiados que nunca por el sultán, y que estaban debilitados como para enfrentar otro ataque. Oraron para que el cielo los ayudara, y la ayuda llegó. Mehmet reunió un ejército aún mayor para atacar Rodas por segunda vez, y tenía la intención de liderarlo en persona. Pero de camino hacia allí, enfermó y murió. Los caballeros lo consideraron un milagro. Tuvieron un poco más de tiempo para curar sus heridas y reparar las murallas antes del siguiente ataque. Hasta d'Aubusson sobrevivió a sus heridas.

A medida que la Orden continuaba con los preparativos para la siguiente batalla, con su característica determinación, parecían saber que el destino del mundo descansaba sobre sus hombros. El dinero y las municiones no tardaron en llegar a la pequeña isla, desde toda Europa. Casi todo se destinó a la reconstrucción de las murallas y las torres. El ejército del Creciente no retornaría a Rodas sino hasta cuarenta años más tarde, pero ese sería el tiempo que le llevaría a la Orden prepararse para lo que vendría.

En 1503 d'Aubusson murió, pero su visión y liderazgo aseguraron que la fortaleza sería aún más fuerte que en el primer sitio. Esos esfuerzos no fueron en vano. Había una prueba aún más grande por delante. Mientras tanto Europa también aprovechó esos años para reagruparse.

Solimán accede al trono

En 1520 Solimán el Magnífico ascendió al trono del Imperio Otomano. Al igual que Mehmet, era un hombre culto e instruido, y también un brillante general. Bajo su liderazgo el imperio alcanzó su mayor esplendor, y su poder no tenía rival en el mundo.

Un año más tarde Phillippe Villiers de L'Isle Adam se convirtió en Gran Maestro de la Orden de San Juan. L'Isle Adam era también un aristócrata culto y un experimentado marino, además de un devoto cristiano.

También demostraría ser un gran líder. Los actores principales para otro de los conflictos más estratégico de la historia estaban ahora en sus puestos.

En 1521 el sultán envió al recientemente elegido Gran Maestro "Una carta de victoria", en la que hacía alarde de sus triunfos y le pedía al Gran Maestro que "compartiera su gozo por sus triunfos". L'Isle Adam fue más directo que diplomático, y respondió que comprendía el significado de la carta: Solimán tenía la intención de hacer de Rodas su próxima conquista.

La carta de Solimán en respuesta a esto exigía que Rodas se rindiera ante él inmediatamente. El sultán había calculado el momento brillantemente. Enrique VIII de Inglaterra estaba por tomar las propiedades de la Orden en Gran Bretaña. Francia y España estaban en guerra, e Italia ya estaba devastada. Nuevamente la Orden no podía esperar ayuda ni refuerzos. Unos pocos y valientes caballeros estarían otra vez solos contra el ejército más poderoso de la Tierra.

La segunda batalla de Rodas

Para junio de 1522 Solimán estaba listo para atacar Rodas. Los historiadores calculan que el sultán reunió unos setecientos barcos y doscientos mil hombres para su misión. Y aunque pudiera parecer exagerado el cálculo, sobrepasaban en mucho a los quinientos caballeros y aproximadamente mil quinientos soldados. En 28 de julio el sultán desembarcó personalmente en Rodas, con un gran saludo, y la batalla comenzó.

Los turcos trajeron sus armas de sitio que podían disparar municiones en un radio de tres metros. A estos se agregaba una multitud de cañones y morteros preparados para el bombardeo. Durante el mes de agosto dispararon miles de balas de cañón sobre la ciudad y sus posiciones fortificadas, día tras día. Los caballeros respondían con su artillería, mucho más pequeña pero devastadoramente certera; atacaron a los turcos que se hallaban relativamente desprotegidos.

Para finales de agosto había ya una cantidad de brechas en las murallas. A comienzos de septiembre comenzó el asalto de la infantería. Los caballeros respondían en cada uno de los puntos, pero los turcos eran muchos más e hicieron retroceder a los defensores, y ubicaron sus estandartes sobre la muralla. Jamás habían perdido los caballeros tanto terreno en un primer ataque. Contraatacaron, con el Gran Maestro encabezando la lucha.

Después de una terrible pelea, los turcos cedieron y comenzaron a retroceder. Inmediatamente el sultán envió una segunda ola, personalmente liderada por Mustafá Pasha, uno de los más grandes generales otomanos. Durante dos horas, el fragor de la batalla se prolongó sobre las murallas, pero los caballeros se mantenían en pie. Cuando los turcos se retiraron al fin, el terreno estaba casi por completo cubierto por sus heridos y muertos. Milagrosamente, los caballeros tenían solo tres bajas y algunos milicianos muertos.

El sultán, desconcertado, entonces ordenó un bombardeo continuo durante tres semanas. El 24 de septiembre hubo un nuevo ataque contra las debilitadas murallas. El bastión de Aragón, una de las fortalezas principales de la ciudad, cayó ante un ataque masivo de los ahora fanáticamente valientes janisarios que habían sido humillados cuarenta años antes. Como Jerjes, Solimán hizo que su trono de conquistador se ubicara sobre una plataforma elevada para poder ver el día de su triunfo con mayor facilidad. La batalla continuaba a lo largo de las murallas, mientras horda tras horda surgía de entre las trincheras turcas.

Los turcos supusieron que todo terminaría rápido, pero la batalla continuó durante todo el día. Los caballeros con sus brillantes armaduras siempre aparecían donde más necesarios eran. L'Isle Adam por lo general estaba con su porta estandarte en los puntos de conflicto más desesperados. Era el hombre que los turcos querían ver muerto, y su porta estandarte parecía marcar su posición, hacían de él un blanco especial.

Sin embargo, los que estaban presentes parecían observar que había una protección especial alrededor del Gran Maestro, algo que los turcos simplemente no lograban penetrar. Después de uno de los días más sangrientos para el ejército turco, el ataque aparentemente invencible comenzó a flaquear, para convertirse en una retirada.

Solimán no podía creer lo que sucedía. Bajó de su trono humillado y furioso. Inmediatamente condenó a sus dos generales principales, pero luego desistió porque se convenció de que estaría favoreciendo a los cristianos. Los caballeros habían sufrido grandes pérdidas, con doscientas bajas e igual cantidad de heridos, pero las pérdidas de los turcos eran aún más impactantes: sus cuerpos yacían amontonados por todas partes en la ciudad. Nuevamente aparecieron los cañones de sitio, y se oyeron sus disparos durante dos meses enteros.

Los galantes caballeros habían podido enfrentar al ejército más poderoso y decidido de la Tierra, durante cinco meses, y sin recibir ayuda ni provisiones. Ahora estaban cansados, y eran menos, por lo que parecía obvio que el ejército turco vencería porque aún contaba con muchos hombres. Siguieron peleando, con la única esperanza de morir con honor.

La benevolencia del sultán

El sitio continuaba, y la disposición del sultán hacia la Orden comenzó a cambiar. Respetaba el honor y el coraje y jamás había visto tanta valentía como la de estos caballeros. El día antes de la Navidad, Solimán les hizo una extraordinaria oferta de paz, honrando a los caballeros que quedaban. Estaba homenajeando su coraje y persistencia. Les dio provisiones y sus propios barcos, para que pudieran ir al destino que eligieran. Luego de reunirse con L'Isle Adam, Solimán le dijo a su Gran Visir: "Me entristece tener que obligar a este valiente y anciano caballero a dejar su hogar".

Dos mil hombres habían podido enfrentarse con éxito a doscientos mil, durante más de seis meses. Soportaron los ataques de infantería y los bombardeos más grandes que el mundo hubiera visto hasta entonces. Al oír la noticia de la caída de Rodas, Carlos V de Francia afirmó: "Nada en el mundo se perdió tan bien como Rodas". Los caballeros que ya se habían ganado el respeto del mundo entero, eran ahora aún más queridos. Pero faltaban todavía más demostraciones de valor de la Orden.

Los caballeros ocupan Malta

Durante más de doscientos años los caballeros habían vivido en Rodas, y ahora no tenían hogar. Se les ofreció una pequeña isla relativamente inhóspita en medio del Mediterráneo, conocida como Malta. La aceptaron, agradecidos. Años antes, mientras estaba en un barco en el puerto de Malta, un rayo había hecho polvo la espada de L'Isla Adam. El hecho se consideró providencial. Los caballeros estaban destinados a pelear una de las batallas más estratégicas de la historia en ese mismo puerto.

Con Rodas en su poder, el sultán se sentía libre como para barrer con el resto de Europa. Parecía poco probable que los abatidos caballeros volvieran a ponerse en su camino. Sin embargo, aunque la orden de San Juan había sido diezmada –tanto en hombres como en dinero– conservaba su más valiosa posesión: la resolución.

Al mismo tiempo la Europa cristiana no solo había fracasado al intentar resolver sus divisiones internas, sino que la Reforma había causado que el resentimiento contra Roma se convirtiera en una serie de terribles guerras entre los mismos cristianos. Casi todas las naciones de Europa estaban en guerra con al menos uno de sus vecinos. Y aunque la Orden de San Juan estaba compuesta por caballeros de las nobles familias de casi todas las naciones cristianas, pudieron mantener la unidad mayormente porque se mantenían concentrados en lo que consideraban el enemigo verdadero de la fe: las hordas del Islam.

Apenas los caballeros habían ocupado Malta comenzaron a construir fortalezas y barcos para poder seguir atacando las naves musulmanas. El famoso pirata árabe Barbarroja había sido designado Almirante Superior de la flota turca, y se ocupó de fortalecer y mejorarla. Hubo duras batallas en el mar, en todo el Mediterráneo. Y aunque la mayoría no fueron decisivas, mantenían al mundo a la expectativa.

En 1546 Barbarroja murió, y Dragut asumió el comando de la crecientemente poderosa armada turca. En 1550 los caballeros participaron de la derrota de su flota en Mahdia. Como venganza, Dragut atacó y comenzó a saquear a Malta. Los pocos defensores que se hallaban en las fortalezas repelieron el ataque, y Dragut debió desistir. Pero ambos bandos sabían que los turcos volverían pronto.

En 1557 murió L'Isle Adam y Jean Parisot de La Valette fue nombrado Gran Maestro de la Orden. Culto y aristocrático, La Valette había sido capturado por los turcos, y pasó cuatro años como esclavo en sus embarcaciones. Tenía sesenta y tres años cuando lo nombraron Gran Maestro. Demostraría ser un líder tan grande como sus antecesores L'Isle Adam y D'Aubusson. Solimán había agrandado su imperio y se preparaba para lo que parecía ser el ataque final sobre Europa. Pero los caballeros volvían a ser una molestia porque atacaban sus líneas de aprovisionamiento, a pesar de ser solo unos pocos y de estar tan lejos.

La batalla de Malta

El mundo musulmán ahora exigía la destrucción de la Orden de San Juan. El sultán tenía sentimientos ambiguos. A veces se enfurecía con los caballeros, y otras, los temía sabiendo que solo podría derrotarlos con un alto costo. La opinión pública lo presionaba y el 18 de mayo de 1561 la flota turca fue avistada por el centinela del Fuerte San Elmo, junto a las costas de Malta.

La flota musulmana era tan grande que los relatos de testigos indican que parecían un bosque de lanzas avanzando por el Mediterráneo. Nuevamente decenas de miles de los mejores janisarios del sultán, soldados regulares y más de cuatro mil layalares, fanáticos religiosos que buscaban la muerte antes que la vida, desembarcaron para dar batalla a los quinientos cuarenta caballeros, mil soldados a pie y poco más de tres mil milicianos malteses.

Nuevamente la Orden se enfrentaba con lo aparentemente imposible. Pero aún peor que eso, desafiaban con un enemigo más decidido que nunca. Los caballeros no contaban con la cantidad de hombres requeridos para mantener a los invasores en la costa. Sin embargo, a diferencia de Rodas donde había solo una ciudad fortificada, en Malta los caballeros se habían dispersado, y construyeron varios fuertes y ciudades fortificadas que forzaron a los turcos a diversificar sus fuerzas. La Valette enseguida probó ser un genio al aprovechar la máxima ventaja en cada situación. Envió a la caballería de la Orden para atacar y acosar a las fuerzas de asedio de los turcos. Esto los distrajo al punto de romper la unidad de las fuerzas musulmanas.

El Alto Mando turco otra vez estaba al mando del brillante y decidido Mustafá Pasha. Sin embargo, inmediatamente cometió un error de estrategia al concentrar su ataque principal en el Puesto de Castilla, posiblemente la defensa más fuerte de los caballeros. Este fue el resultado de la valentía de un caballero francés llamado Adrien de la Riviere, que había sido capturado por los otomanos. Bajo tortura, De la Riviere había afirmado que el Puesto de Castilla no tenía grandes defensas ni fortalezas, que solo una guarnición de hombres lo custodiaba, y que podía ser tomado fácilmente.

Luego de una serie de ataques repelidos, y del ataque de parte de los defensores del Puesto de Castilla, Pasha se dio cuenta de que el caballero capturado había mentido. Lo hizo matar a golpes, pero también perdió cientos de hombres y, lo más importante, sus tropas habían empezado a perder la confianza.

El incendio de San Elmo

Entonces Pasha redirigió la parte más fuerte de sus hombres para que capturaran el pequeño fuerte de San Elmo, que daba al Gran Puerto. Esto también obró en favor de los caballeros al darle a La Vallete tiempo suficiente como para mejorar sus otras fortificaciones. Sin embargo, nadie esperaba que San Elmo resistiera demasiado tiempo. El fuego turco indiscriminado de los sitios previos en Rodas, ahora era reemplazado por la exactitud y la precisión matemática de un ataque ideado por Pasha que utilizó su principal artillería sobre San Elmo, con intensidad durante el día y la noche, sin cesar. El pequeño fuerte comenzó a derrumbarse.

Una noche, mientras se hallaba en reunión de consejo en el Fuerte de St. Angelo, La Valette se sintió molesto por una delegación poco bienvenida. Una cantidad de caballeros había escapado de San Elmo, para llegar hasta allí y comunicarle que el fuerte ya no resistiría más. La Valette, el héroe de Rodas criticó a los jóvenes caballeros, dijo que no estaban a la altura de sus padres. Les dijo que no necesitaban volver a San Elmo, sino que elegiría a otros caballeros para reemplazarlos. Con esta crítica, la delegación de San Elmo rogó que se le permitiera volver a su puesto, lo cual La Valette finalmente permitió.

Tan pronto habían partido, el Gran Maestro le anunció al consejo que sabía que el pequeño fuerte estaba destinado a ceder, pero que tenían que comprar tiempo para tener posibilidades de sobrevivir.

Los turcos habían concentrado tanta artillería en San Elmo que el humo y el fuego del fuerte les hacía parecer un volcán que se elevaba entre las rocas. Parecía imposible que hubiera alguien vivo allí, pero los jóvenes caballeros se mantenían en pie. Luego el famoso Dragut llegó con otro escuadrón de barcos, y miles de los mejores soldados del Islam. Esto elevó la moral de las fuerzas turcas.

Dragut asumió el mando personal de las fuerzas e inmediatamente envió más baterías para que siguieran disparando sobre San Elmo, lo cual hicieron durante tres semanas más. Finalmente, indicó a los janisarios que atacaran. Los comandantes de ambos bandos, que sabían que los turcos obtendrían una rápida victoria, se sorprendieron cuando los janisarios fueron repelidos y sufrieron importantes bajas.

Dragut enfureció y respondió con un bombardeo tan intenso que la isla entera se sacudió como por un terremoto. Al día siguiente envió otro ataque masivo contra el pequeño fuerte, con los layalares precediendo a los janisarios. San Elmo desapareció bajo la nube de polvo, humo y fuego. Horas más tarde, cuando el humo se dispersó, los caballeros de St. Angelo y Sr. Miguel se maravillaron al ver la Cruz de San Juan aún flameando por sobre las ruinas. La Valette se sintió tan conmovido que despachó a algunos de sus mejores luchadores para reforzar al pequeño fuerte, pero no pudieron penetrar entre las fuerzas musulmanas que lo rodeaban, y debieron volver. El valiente fuerte de San Elmo fue abandonado a su suerte.

Al día siguiente Dragut intensificó el bombardeo de San Elmo. Ahora había menos de cien caballeros en el fuerte, y casi todos estaban heridos. Cuando cesó el bombardeo, se oyó a los imanes llamando a los fieles a conquistar o a morir por el Islam. Ola tras ola de soldados del sultán se arrojaron sobre las demolidas murallas del fuerte. Los caballeros que quedaban se mantuvieron en la brecha, quienes estaban demasiado débiles pidieron ser llevados hasta allí para poder enfrentarse a los "infieles" por última vez. Y fue la última.

El pequeño fuerte, que no podría haber soportado más de uno o dos días de asedio, soportó más de un mes, y logró así un tiempo precioso para que los otros caballeros pudieran fortalecer sus defensas. El pequeño San Elmo también le quitó al sultán miles de sus mejores soldados y líderes, incluso al cañonero mayor, el aga de los janisarios y, lo más importante, a Dragut, muerto por una bala de cañón.

Cuando el estandarte musulmán se izó sobre las ruinas de San Elmo, Pasha supo que su estrategia había sido incorrecta. El precio pagado por San Elmo había sido demasiado alto. Al ver el fuerte de St. Angelo, más fuerte y con cañones que disparaban sobre sus tropas, gritó: "¡Alá! Si un hijo tan pequeño costó tan caro, ¿qué precio deberemos pagar por su padre tan grande?" Pronto sabría que el precio era más alto de lo que podía pagar.

Sin cuartel

Pasha hizo que los cuerpos de los caballeros que habían muerto tan valientemente en San Elmo fueran decapitados, atados sobre cruces y enviados flotando hacia el puerto que estaba frente a St. Angelo. Era un insulto a la religión de los caballeros. En represalia, La Valette hizo ejecutar a los prisioneros turcos y mandó colgar sus cuerpos de las murallas. Luego cargó los cañones con sus cabezas y las disparó sobre las trincheras musulmanas. Ambos bandos sabían que ya no había cómo retroceder. Los caballeros sobrevivirían en Malta, o morirían todos: era una pelea a muerte.

Los bombardeos aumentaron a medida que las fortalezas de la Orden caían bajo el fuego. Intermitentemente Pasha enviaba fuerzas de asalto en masa a diferentes puntos en las defensas, en busca de una brecha. Cada uno de sus intentos terminó con la masacre de sus hombres. En un momento Pasha maniobró sus tropas hasta encerrar en un círculo los cuarteles de La Valette. Luego ordenó un bombardeo tan intenso que los habitantes de Siracusa y Catania, a doscientos cincuenta kilómetros de distancia, oyeron el rugido de los cañones. Antes de que cesara el fuego, Pasha envió un colosal ataque por sobre las murallas.

Otro milagro

Los turcos finalmente abrieron una brecha y lograron entrar. Hubo una lucha feroz durante seis horas, hasta que los caballeros cerraron el agujero y retomaron las murallas. Mortificado, Pasha se mesaba la barba e hizo detener el ataque. Una vez más, la tenacidad y constancia de los caballeros había sido subestimada.

Pasha intensificó su bombardeo y continuó día y noche durante siete días más. Luego envió otra horda humana al ataque. Para este momento la Orden había sido diezmada, y la brecha se abrió rápidamente. Los caballeros resistieron con valentía, pero eran muy pocos luchando contra una marea de furia. Cuando la ciudadela estaba al alcance de los turcos, y ya era obvio que el final de los caballeros estaba cerca, ¡las trompetas musulmanas comenzaron a llamar para la retirada!

La única explicación que vislumbraban los defensores era que el continente finalmente les había enviado refuerzos. Pero en verdad lo que había ocurrido era que una pequeña parte de la caballería de la Orden había atacado el campamento base musulmán de Marsa. Este pequeño destacamento había embestido con tal determinación y había causado tal confusión, que los musulmanes creyeron que se trataba de una fuerza mayor. Como temía un ataque por la retaguardia, Pasha se había visto obligado a retroceder. Cuando supo luego que había sido engañado en el momento en que se acercaba a la victoria, su furia no tuvo límites. Redobló sus esfuerzos y envió a bombardear día y noche a los caballeros que quedaban. Parecía imposible que alguien sobreviviera a esto.

Sin retroceder

El consejo de caballeros recomendaba la retirada de todos los puestos en la fortaleza de St. Angelo. La Valette se negó. Muchos historiadores concuerdan en que su tenacidad por aferrarse a esta estrategia haya sido probablemente lo que salvó a los caballeros, ya que mantuvo a los turcos dispersos en diversos puntos. La Valette recibió un despacho de Don García de Sicilia, prometiendo enviarle una fuerza de relevo de dieciséis mil hombres. La Valette no se dejó impresionar. Había recibido muchas promesas similares antes, y no confiaba en príncipes. Renovó sus votos por defender cada metro de terreno cristiano e impedir que cayera en manos de los turcos. Lucharía a muerte.

Pasha había disparado fuego sobre la ciudad y las murallas, pero también durante semanas había hecho cavar túneles por debajo de estas.

El 18 de agosto explotó una mina bajo el Puesto de Castilla y se abrió una gran brecha. El Gran Maestro, que ahora tenía setenta años, tomó su casco y su espada y salió valientemente a enfrentar el ataque. Los caballeros y la gente del pueblo, alentados por su ejemplo, tomaron todas las armas que encontraron y echaron a correr hacia la brecha junto a él. La Valette fue herido, pero se negó a retroceder. Apuntó su espada hacia los estandartes turcos y declaro: "Jamás retrocederé mientras flameen esos estandartes". Los caballeros repelieron a los turcos, una vez más.

Para ese momento, en el Alto Mando de los turcos ya había desacuerdo. El sitio de las defensas de la Orden, proyectado para unos pocos días, había requerido meses y todavía el fin no se veía cercano. Pasha comenzó a calcular cómo obtener provisiones de Trípoli, Grecia o Constantinopla para seguir con el asedio durante el invierno.

Luego el 6 de septiembre la flota de don García llegó con ocho mil hombres de refuerzo. Aunque ocho mil no era un número importante –comparado con el enorme ejército de los turcos– su impacto sobre la moral de ambos bandos fue mucho mayor que la cantidad en sí. Los turcos estaban atónitos por el costo que les representaban unos pocos cientos de caballeros. Solo habían logrado capturar el pequeño fuerte de San Elmo, ¿cómo podrían vencer los muchos otros fuertes? Pasha levantó el sitio, levantó campamento, y dejó la isla.

El gran ejército del sultán volvió al Cuerno de Oro con menos de un tercio de las fuerzas conque había salido. Solimán volvió a enfurecer. Solo había permitido que la flota llegara hasta el puerto bajo el manto de la oscuridad, para que la gente no se desalentara al ver el terrible estado en que había quedado. Inmediatamente comenzó a planificar una nueva expedición a Malta, pero como sucedió con Mehmet, Solimán no llegó a vivir para cumplir con su propósito.

Europa celebra

Sobrevivieron solo unos doscientos cincuenta caballeros a la Batalla de Malta. Todos estaban malheridos. Muchos habían quedado inválidos de por vida. Pero aún así, Europa estaba libre de la amenaza musulmana que hasta hacía poco tiempo parecía invencible.

El mundo volvió a respetar y apreciar a la pequeña Orden de San Juan el Bautista.

Las "arcaicas reliquias del pasado" habían logrado vencer al ejército más poderoso de la Tierra, con ejemplos de coraje y constancia jamás vistos.

Los grandes monarcas de Europa, que hasta hacía poco habían despreciado a la Orden de San Juan, debieron reconocer que estas pocas almas valientes los habían salvado de la conquista musulmana. La reina Isabel declaró que si Malta hubiera caído en manos de los turcos, Inglaterra habría terminado en manos de los musulmanes. Ordenó al Arzobispo de Canterbury que se realizara una acción de gracias en todas las iglesias del mundo, cada día durante tres semanas. El resto de Europa también celebró, dando su respeto y reconociendo su deuda a la Orden que tantos antes habían desechado.

El estandarte de la Orden, con la famosa cruz de Malta, sería reconocido durante mucho tiempo como el más famoso en todas las naciones del mundo. Aún las naciones musulmanas lo honraron por su coraje y tenacidad. Algunos países todavía observan el Día de San Juan para celebrar el honor y coraje de estos valientes caballeros.

Las lecciones

Hay muchas lecciones en la sorprendente historia de la Orden de San Juan, pero aquí mencionaremos solo las más básicas. Los grandes estrategas han cambiado muchas veces el curso de la humanidad, pero estos caballeros no eran estrategas: eran simplemente grandes almas. Su resolución, coraje y persistencia logró lo que posiblemente ninguna estrategia habría logrado. A veces el liderazgo consiste en la resolución, y en esto, está su más grande definición. El liderazgo no puede concentrarse solo en los obstáculos o en los recursos disponibles. Los grandes líderes mantienen su atención en la tarea, y hacen todo lo que pueden, con lo que tienen.

La Orden de San Juan también demostró lo que puede lograrse cuando hay unidad. Mientras las naciones cristianas de Europa luchaban entre sí, los caballeros de San Juan siguieron con la vista puesta en la amenaza real a su fe. Aunque la Orden estaba compuesta por los hijos nobles de esas naciones cristianas que peleaban entre sí, no permitieron que las divisiones doctrinarias y políticas se filtraran entre sus filas.

A causa de su unidad, su visión concentrada y su determinación de nunca retroceder antes su enemigo, lograron revertir lo que parecía ser el curso inevitable de la historia. Es imposible hoy imaginar lo que habría sido la historia del mundo si no hubieran actuado estas valientes almas.

El estado actual de la Orden

Muchas veces me han hecho esta pregunta. La responderé brevemente aquí. La resistencia y capacidad de sobrevivir de esta Orden es casi tan sorprendente como sus grandes hazañas militares. Hoy es quizá la única Orden de caballería que existe, que ha mantenido sus raíces legítimas en las Cruzadas. Comprometidos con el honor, la defensa de la fe, la unidad cristiana y el servicio a "mis señores, los enfermos y los pobres", los "caballeros de Malta", como se los llama hoy, siguen involucrados en las misiones diplomáticas más extraordinarias de los últimos tiempos, sin fanfarria ni afán de reconocimiento.

Como sucede en la iglesia, hoy hay divisiones ecuménicas y católicas en la orden, con las consecuentes y naturales discusiones sobre quiénes son los verdaderos herederos. Hay también una cantidad de grupos más pequeños que dicen ser los verdaderos herederos de la Orden, pero si el derecho a la prueba de supervivencia debe tomarse en cuenta, entonces la más legítima parece ser la ecuménica Soberana Orden de San Juan el Bautista de Jerusalén, Rodas y Malta, porque la Orden Católica quedó durante un tiempo dormida, hasta que resucitó, y el Papa León XIII reconoció un nuevo Gran Maestro en 1879.

Aún así, tanto la Orden ecuménica como la católica tienen derecho legítimo y sustancial a la historia de la Orden. Ambas son reconocidas en muchas naciones. El Gran Maestro Católico tiene el rango de Cardenal en la iglesia. Hay ramas ecuménicas de la Orden en Canadá, Irlanda, Alemania, Suecia, Francia, Rodas, Austria, Australia, Suiza, Bélgica, Portugal, España, Italia, Grecia, China, los Países Bajos y los EE.UU.

Solo puede entrar en la Orden ecuménica quien está calificado y recomendado por un miembro de la misma. No hay ritos secretos ni costumbres que mantener, sino simplemente el compromiso con los baluartes de la fe cristiana, la moralidad, la integridad y la unidad. El ingreso a la Orden Católica también requiere adhesión a la Iglesia Católica de Roma.

Capítulo quince

Cinco aspectos esenciales para el éxito en el manejo de las cosas

Hemos hablado antes de las cinco características esenciales para lograr el éxito en el liderazgo. Aquí hablaremos de los cinco aspectos esenciales para el éxito en el manejo de cualquier empresa. Entender y aplicar estos cinco aspectos esenciales es la clave para el éxito sólido y seguro. Son:

1.) El producto.
2.) La administración.
3.) El mercadeo.
4.) Los recursos.
5.) El manejo del tiempo.

Se trate de un negocio, una iglesia, un ejército, un equipo deportivo y hasta un gobierno, para el gerenciamiento efectivo de toda empresa necesitaremos comprender y combinar armoniosamente estas cinco cosas esenciales, de modo que se apoyen mutuamente.

Si no comprendemos, controlamos o mantenemos el equilibrio entre ellas, tendremos una poderosa razón para explicar el fracaso o las fallas en la historia de cualquier emprendimiento humano.

Podemos tener cuatro de ellas funcionando perfectamente, pero si la quinta no es efectiva destruirá el emprendimiento de manera integral. Por ejemplo, podemos tener un excelente producto, y manejar perfectamente el tiempo para su lanzamiento, con buena administración y muchos recursos, pero si el mercadeo es pobre quizá todos nuestros esfuerzos sean inútiles. Podemos tener un producto, administración, manejo del tiempo y mercadeo perfectos, pero sin recursos podemos fracasar. La combinación exitosa de cuatro de estas cosas básicas, sin la quinta, pondrá en riesgo el éxito de nuestro emprendimiento.

Una vez comprendidas, será fácil entender por qué la mayoría de los nuevos negocios fracasan durante su primer año. De los que sobreviven al primer año, solo una porción sobrevivirá tres años más. Hay muchos nuevos productos buenos que jamás alcanzan el éxito en el mercado, simplemente por no haber estado respaldados por alguno de estos cinco aspectos básicos. De los que sí sobreviven, hay muchos que apenas logran llegar a cumplir con su potencial, porque no hay un funcionamiento armonioso entre los cinco aspectos.

En este estudio nuestro objetivo es el de impartir principios básicos que puedan entenderse y aplicarse rápida, simple y fácilmente para lograr el éxito. Una vez que entendemos la mecánica y la interrelación de estas cinco cosas esenciales, la efectividad del gerenciamiento mejorará notablemente.

Gerenciar para obtener resultados

El objetivo del gerenciamiento efectivo debe ser siempre la claridad y la simpleza, que nos llevarán a obtener *resultados*. La gravitación de los principios y teorías esotéricos en el gerenciamiento no es más que un manto que esconde la falta de comprensión básica en quienes los generan. Con pocas excepciones, los líderes más grandes y los gerentes más efectivos siempre se han comprometido a comprender y aplicar *lo básico* en su área.

El compromiso por la excelencia solo llegará a ser tan profundo como lo sea nuestro compromiso con la filosofía de la excelencia.

Es solo cuando hacemos lo correcto por el motivo correcto, que nuestro compromiso será lo suficientemente profundo como para lograr nuestro potencial de éxito verdadero y perdurable. En consecuencia, la filosofía y la aplicación práctica de estos principios deben ser tomadas en cuenta.

Con solo un entendimiento básico de la aplicación de las cinco cosas esenciales, podemos discernir con rapidez y efectividad, y posiblemente compensar los puntos débiles de uno o más de los otros aspectos esenciales durante cierto tiempo. La debilidad de un competidor o enemigo también puede encontrarse siguiendo este método. El objetivo de nuestro entendimiento debe tomar a los cinco aspectos esenciales armoniosamente, funcionando como una máquina bien afinada, en cuanto a juzgar la oportunidad y la debilidad para que los puntos fuertes puedan utilizarse con efectividad.

Como breve ilustración de lo fácil que es analizar casi cualquier proyecto, misión o empresa con las cinco cosas esenciales, las utilizaremos para hacer una disección superficial de tres emprendimientos diferentes: un equipo de fútbol profesional, un ejército y un negocio.

Gerenciar un equipo

El partido es el producto para un equipo de fútbol. Si puede producir un juego de calidad, su producto es de calidad. El entrenamiento, reclutamiento y oficina serán la administración. El mercadeo serán los esfuerzos por promover la asistencia del público a los juegos, el interés por el deporte, etc. Los recursos serán el talento de los jugadores y el personal, y el capital que se requiere para obtenerlos. *El manejo del tiempo es el aspecto esencial más importante, vital para el éxito de cualquiera de los otros cuatro aspectos esenciales.*

Para el equipo de fútbol, el uso correcto de tiempo es obvio durante el juego (producto), al utilizar las jugadas adecuadas en el momento justo, etc. pero también es esencial en todos los demás sectores. Las promociones serán más efectivas si se lanzan en el otoño, cuando la gente comienza a pensar en el fútbol. Quizá tendrán efecto reducido si se lanzan en primavera, cuando la gente piensa en el calor del verano, y los juegos, un tanto más distendidos de béisbol. La administración deberá tomar en cuenta el manejo del tiempo como base para tomar la mayor parte de sus decisiones. Por ejemplo, conocer la edad y estado de salud de los jugadores, determinará cuándo deben reclutar jugadores para dichas posiciones. Un equipo continuamente exitoso será fuerte y coherente en cada uno de los cinco aspectos esenciales.

Al utilizar los cinco aspectos esenciales para descubrir los puntos fuertes y debilidades de otros equipos, podremos trazar mejor la estrategia y el plan. Saber que el juego de nuestro rival (su producto) es fuerte en la defensa pero débil en el pase, puede hacer que pensemos en prestar más atención a nuestros pases para poder explotar sus debilidades y evitar sus puntos fuertes. Si nuestro competidor más importante es débil en la capitalización quizá necesitemos apostar más fuerte para conseguir lo que ellos no pueden adquirir. El conocer nuestros puntos fuertes y debilidades, como así también los de nuestra competencia, nos permitirá formular una estrategia más efectiva.

Gerenciar un ejército

Ahora echemos una mirada al ejército. Su capacidad para presentar batalla sería su producto. Su administración incluiría desde el general en jefe hasta el cabo que dirige a un escuadrón. El mercadeo sería la capacidad de reclutar y mantener en la opinión pública el deseo del sacrificio civil requerido para el éxito. El mercadeo tuvo mucho que ver en la victoria de los aliados en la Segunda Guerra Mundial, como estrategia de campo. Los recursos serían los hombres, las armas y provisiones disponibles. El manejo del tiempo involucraría cuándo atacar, dónde y con qué armas, además de conocer cuándo reforzar determinadas defensas.

A fines de la Segunda Guerra mundial el ejército alemán seguía teniendo un producto de calidad –la capacidad de pelear– una administración efectiva en el campo de batalla, un mercadeo eficiente que promocionaba el sacrificio requerido por su población y un manejo casi perfecto del tiempo para iniciar la batalla, pero la falta de recursos –se quedaron sin combustible– marcó su derrota. El ejército de los aliados había puntualizado esta debilidad, y esto les ayudó a implementar una estrategia de defensa que fue exitosa. Simplemente dejaron que los alemanes avanzaran hasta que se quedaron sin combustible, explotaron su debilidad hasta obtener la victoria final.

La historia demuestra que es mal manejo del tiempo invadir Rusia a menos que pueda uno retirar su ejército antes del invierno. Napoleón invadió Rusia con una fuerza excepcional, pero le faltó el manejo del tiempo. Y aunque los franceses tenían suficientes recursos al iniciar la invasión, su falta de manejo del tiempo abrió la puerta a la vulnerabilidad ante los rusos, que conocían esta debilidad. No pudieron derrotar a Napoleón en el campo de batalla, por lo que quemaron sus ciudades y campos para impedir que obtuviera los recursos con los que pensaba contar para sobrevivir durante el invierno. Por medio de esta estrategia de ataque al único punto débil de Napoleón, los rusos pudieron destruir completamente uno de los ejércitos más poderosos que se hayan visto jamás.

Gerenciar un negocio

Al hablar de un negocio, su producto será el o los productos o servicios que ofrece. Su administración comprendería a los gerentes y los directores, y al rango de jefes hasta el capataz. El mercadeo incluiría las promociones y distribución. Y los recursos, la capitalización, el personal, las máquinas o fábricas y todos los recursos naturales requeridos para fabricar el producto. Otra vez, el manejo del tiempo sería el eje central del que salen los rayos de la rueda. Podríamos construir el aro de *hula-hula* con la mejor calidad al menor costo, pero si lo lanzamos al mercado en otro momento que no sea la década de 1950, fracasaremos.

Los fabricantes de aviones Piper y Cessna fabricaban productos similares. Ambas compañías tenían una buena administración, recursos adecuados y buen manejo del tiempo para sus productos. Todo era similar, pero Cessna vendía muchos más aviones que Piper, porque su mercadeo era más fuerte.

Ford comenzó vendiendo el mejor producto, con el mejor manejo del tiempo, los recursos y el mercadeo, pero era un tanto débil en el área de la administración. General Motors comenzó con buena administración, pero no era tan buena en los otros cuatro aspectos esenciales. Al principio, GM tenía que imitar los productos de Ford y esperar pacientemente a que Ford cometiera algún error. Ford se dedicó al desarrollo de producto y manejo del tiempo de manera un tanto lenta; produjo el mismo Modelo T, año tras año.

Pero GM comenzó a mejorar su producto continuamente. Por medio de un fuerte mercadeo, se lanzó a fabricar automóviles más modernos, y el producto de Ford quedó atrás. GM había comprendido que debía tomar la iniciativa en la industria automotriz. Ford no quería abandonar sus principios, si hubiera monitoreado los cinco aspectos esenciales, tanto en su propia empresa como en la de su competencia, jamás habría quedado atrás de GM. Si GM hubiera monitoreado sus cinco aspectos esenciales además de los de su competencia, quizá no hubiera perdido el liderazgo a manos de los japoneses, que descubrieron la tendencia hacia el tamaño más pequeño y la mejor calidad, mucho antes de que GM lo hiciera.

Estos son solo algunos ejemplos del modo en que puede estudiarse un emprendimiento en sus cinco aspectos esenciales, para descubrir rápida y efectivamente sus puntos fuertes y debilidades. Por supuesto, habrá variaciones en cada empresa. Sin embargo, en general estos principios serán aplicables y útiles para desarrollar y gerenciar casi cualquier emprendimiento.

Malabares

Habrá continuamente una necesidad de ir reforzando uno más de estos cinco aspectos esenciales para mantener el equilibrio en toda empresa que sobreviva y prospere. Por ejemplo, cuando las grandes corporaciones cambian de Presidente, el directorio deberá utilizar este cambio para fortalecer los aspectos esenciales donde se observa debilidad. Si el mercadeo es débil, tendrán que traer a alguien cuyo punto fuerte sea justamente este. Sin embargo, si quienes se ocupan del mercadeo solo se concentran en esto y no tienen habilidades para el desarrollo de producto o la ingeniería, el producto quizá sufra.

Luego, con el cambio siguiente traerán a alguien que fortalecerá al producto debilitado, y probablemente sea otra vez el mercadeo el que se debilite. Casi nunca habrá un emprendimiento en el que las cinco áreas esenciales se mantienen en constante armonía. Como los malabaristas en el circo, siempre habrá que mantener todas las bolas en el aire.

Afortunadamente, al comprender mejor estos cinco aspectos esenciales, será más fácil hacer que todos funcionen correctamente al mismo tiempo. Esto es crucial para un éxito constante y duradero. Muchas empresas fallan y luego observan que podrían haber evitado el fracaso si hubiesen entendido y aplicado estos principios. Muchos han cerrado su negocio, pues sintieron que su etapa estaba cumplida. Pero podrían haberlo cerrado en medio de la victoria, y no en la ruina.

Si entendemos estos simples principios, podemos formar una base sólida para la previsión y la comprensión. Ambas son esenciales para lograr el éxito. En los siguientes capítulos veremos ejemplos de diferentes empresas, para inspirar la creatividad en la aplicación de este principio, de modo que le resulte más sencillo aplicarlo a su situación en particular.

Simpleza en la diversidad

Con comprensión e imaginación, podemos ver que los planes de batalla de Napoleón pueden ayudarnos en nuestro negocio o granja. Nuestra situación en la fábrica o en el estudio de abogados a veces requiere del mismo coraje, determinación y sagacidad que el que necesita un entrenador de fútbol. Para todos, lo básico es exactamente igual. Se aplica a la gran empresa, al gobierno o a la tienda más pequeña.

Napoleón utilizaba el principio de las cinco cosas esenciales en su planificación como militar. Medía las estrategias de su ejército y las mejoraba (producto). Capacitaba a sus oficiales para que pensaran estratégicamente, y los motivaba con su visión (administración). Era excelente para reunir capital, tropas y provisiones (recursos). Su visión y liderazgo inspiraron a Francia y aún a los ciudadanos de las naciones enemigas (mercadeo), y continuamente utilizaba el manejo del tiempo como una de sus armas más poderosas. Falló en la invasión de Rusia y en Waterloo, porque no tomó en cuenta el manejo del tiempo. Este es por lo general el primer elemento esencial que pasamos por alto cuanto nos volvemos arrogantes o complacientes.

La demostración de liderazgo y preparación del Capitán Rostron, que comandaba el Carpathia durante la tragedia del Titanic, se vio favorecida por su dominio de los cinco elementos esenciales. Conocía muy bien su producto (el barco). Conocía y utilizaba su administración y recursos brillantemente. Sabía manejar el tiempo y comunicó su plan tan bien (mercadeo) que los pasajeros y la tripulación se concentraron totalmente en la tarea. Conocía su barco y a su equipo lo suficientemente bien como para analizar rápida y efectivamente sus limitaciones y posibilidades en medio de las crisis y cambiantes circunstancias.

El manejo del General Lee de los cinco elementos esenciales al comandar el Ejército de Virginia del Norte es un ejemplo acabado. Pudo aprovechar los cinco aspectos, para que los puntos fuertes vencieran a las debilidades. Utilizó una comprensión fundamental de este principio, para conocer a su oponente mejor de lo que este se conocía a sí mismo. Este tipo de comprensión es un talento, pero también una disciplina que podemos desarrollar. "Salamanca puede prestar lo que la Naturaleza no nos da", pero, además, debemos recordar que es importante desarrollar al máximo lo que Dios nos ha dado, para no "enterrar nuestros talentos". Esta es una advertencia bíblica.

Podríamos dedicar un libro entero a cada uno de estos aspectos esenciales. Pero para ser breve y simple, dedicaré solo un capítulo a cada uno. No intento abarcarlo todo, sino ser efectivo en la presentación de principios fáciles de aplicar, que verdaderamente funcionan.

> **"Es increíble lo que podemos lograr si no nos importa quién se lleva el crédito."**
>
> **–Abraham Lincoln**

El producto

El producto es la razón de ser de la empresa. Es lo que producimos. Puede ser un bien, un servicio o una idea, pero debe ser siempre la razón de la existencia del emprendimiento. Si el producto se ve reemplazado por otra cosa como razón de ser, comenzaremos a andar el camino hacia el fracaso o la mediocridad.

La ganancia suele ser lo que reemplaza al producto como razón de la existencia de la empresa. No quiero decir que la ganancia no debe ser un motivo, pero jamás debe convertirse en "el motivo". Detroit gobernaba el mundo de la industria automotriz mientras estuvo motivado por su amor por los automóviles. Cuando los financistas tomaron el control y cambiaron el foco de la pasión por el ansia de ganancias, el liderazgo estadounidense en esa industria comenzó a declinar.

Los financistas eran necesarios para aumentar la eficiencia, pero fue un error permitirles hacerse cargo del control. *Redujeron un arte a la mera fabricación*, lo cual va en contra de la naturaleza de todo norteamericano.

La naturaleza del norteamericano está ligada a la conquista y la aventura. No es un tipo de conquista imperialista; es más el deseo de lograr, de siempre buscar nuevos límites. Sin visión de límites, nos aburrimos y comenzamos a fallar. Los estadounidenses serán excelentes fabricando algo, siempre que la empresa se vea identificada con la innovación, y no con la simple acumulación de dinero.

La ganancia por sí misma es superficial y poco inspiradora como objetivo para la fuerza de trabajo. Y la fuerza de trabajo es esencial para lograr el éxito.

Fiel al primer amor

Henry Ford debe haber impactado al mundo como lo hicieron otros hombres a lo largo de la historia. Llevó la fabricación al punto en que la modernización se volvió algo usual en el mundo entero. Su visión se veía alimentada por su pasión por el automóvil, y el deseo de que fuera accesible a la mayor cantidad de personas. Pero luego se sintió cautivado por el proceso de fabricación, y se dedicó a modificar una y otra vez la línea de montaje, para que fuera más rápida y eficiente. Todos nos beneficiamos con esto, *pero Ford olvidó seguir mejorando el automóvil.*

General Motors copió las mejoras de fabricación de Ford, pero además siguió mejorando sus vehículos. La pequeña GM, casi desconocida, pronto sobrepasó a Ford y durante mucho tiempo dominó la industria. GM no olvidó lo que fabricaba, al menos hasta tanto se hicieron cargo de la empresa sus contadores. Cuando uno olvida al primer amor, deja de crecer y comienza a morir.

Quizá fabriquemos el artículo más mundano e insignificante, pero no debemos pensar que lo es. Si vale la pena fabricarlo, entonces es importante, nos enorgullece y puede ser de inspiración para nuestra gente. Recuerde lo que decía Martin Luther King: "Si barren calles, entonces barran del mismo modo en que pintaba Miguel Ángel. Si son los mejores en lo que hacen, aún siendo barrenderos, todo el mundo buscará llegar a sus puertas para decir 'aquí vive el mejor barrendero'." Como dijo el rey Salomón: *"¿Has visto hombre solícito en su trabajo? Delante de los reyes estará; no estará delante de los de baja condición"* (Proverbios 22:29). No importa lo que haga, si no lo hace con el corazón, día tras día, inspirará a quienes lo rodean y no habrá mucho que pueda impedirle llegar a la cima.

Sin importar lo bueno que sea su producto, y cuánta ventaja le lleve a la competencia, estará enviando un mensaje importante a cada rincón de su empresa si busca mejorarlo continuamente. Esta actitud hace más por la lealtad en una empresa que un abultado bono.

El trabajo de cada persona es su producto personal. Todos los productos deben ser considerados importantes, porque de este modo consideraremos importantes a las personas. Esto significa más que cualquier cosa que pueda ofrecerles. Si el producto de cada persona es importante, el producto total de la empresa lo es mucho más. Sin importar su posición en la empresa, si se mantiene fiel a este concepto asegurará su éxito, y será un verdadero líder. Y si es usted líder, y su empresa está compuesta de líderes, su producto liderará en su área de mercado.

Dos grandes líderes

Después de cumplir con el servicio militar pasé unos años aprendiendo el oficio de carpintero. Tuve el privilegio de trabajar con un gran artesano al que llamábamos simplemente "el viejo Joe". En ese momento había una grave recesión en el país. Un día observé que había muchas personas en el oficio afectadas por esto. Pero él hizo una objeción, dijo: "Ningún buen carpintero se ve afectado por la recesión". Veía a esta como una poda saludable en el oficio, como una oportunidad para purgarlo de los que fingían ser carpinteros.

Este hombre de edad había pasado por la depresión y por múltiples recesiones, y ni siquiera sabía cuándo sucedían, porque construía casas de la misma manera en que Miguel Ángel pintaba sus cuadros. Tomó a tres hombres jóvenes e inspiró en ellos tal amor por la carpintería, que nos sentíamos tristes al llegar las cinco de la tarde, porque eso significaba que teníamos que dejar de trabajar. Por las noches no podíamos esperar hasta el día siguiente para poder volver al trabajo. Trabajábamos muy bien, pero siempre buscábamos hacerlo aún mejor.

He conocido a varios líderes importantes, pero muy pocos me han impresionado del modo en que lo hizo ese viejo carpintero. Siempre lo recordaré como un gran hombre y un gran líder. Su producto hacía que fuera grande. Todo hombre es conocido en última instancia por su producto. ¿No es esto lo que decía Jesús con: *"Por sus frutos los conoceréis"* (Mateo 7:16)? Todo hombre es conocido por lo que produce y deja al partir.

Unos años después llegué a ser instructor de vuelo, y me consideraba uno de los mejores pilotos estadounidenses. Luego conocí a un piloto llamado Joe Logan. Era dueño de North American Aircraft

Delivery, y se lo conocía como un excelente piloto. Había volado más de cien aviones pequeños cruzando el Atlántico, a lugares como Arabia Saudita y Sudáfrica. Israel, conocido por tener los mejores pilotos militares del mundo, contrató a Joe para que entrenara a algunos de ellos.

En mi primer vuelo con Joe, decidí que le enseñaría algunas cosas. Apenas habíamos despegado cuando comenzó a gritarme por mi falta de suavidad. A los pocos minutos tomó los controles, dijo que yo estaba intentando hacerlo caer de su asiento. Luego de que recuperé la calma, comencé a ver cómo volaba él. Pronto sentí que ni siquiera merecía yo el nombre de piloto, y mucho menos el de instructor de vuelo. Jamás había visto tal precisión y conocimiento del aire y del avión. Entrené con pilotos de aerolíneas, y trabajé con algunos de los que llegaron a ser eximios pilotos de combate. Jamás conocí a alguien como Joe. Un día, me contó su secreto.

La aviación para particulares es lo que dio origen a la definición de volar como "horas de aburrimiento ocasionalmente interrumpidas por momentos de absoluto terror". Sin embargo, Joe decidió en uno de sus primeros vuelos que no pasaría el tiempo sentado mirando los controles mientras el piloto automático hacía todo el trabajo, sino que usaría ese tiempo para convertirse en el mejor piloto que pudiera llegar a ser. Puso un anotador en la cabina de mando, y cada vez que se desviaba más de cinco grados de su curso, o más de un uno coma cinco de su altura programada, o apenas sentía que la fuerza de gravedad le indicaba falta de precisión, hacía una marca en su anotador.

Las primeras veces, al llegar a destino tenía varios cientos de marcas en el anotador. Muchos pilotos pensarían que era un buen puntaje. ¡Y otros se conformarían con haber podido llegar a destino! Pero Joe decidió que cada vez que subía a la cabina de mando, no solo mejoraría su puntaje, sino que se haría mejor piloto. En uno de sus últimos viajes, tuvo dos marcas en el anotador, ¡y aún no estaba satisfecho! Nadie sabía esto acerca de Joe. Simplemente estaba decidido a ser el mejor piloto que pudiera ser.

Su producto es usted

Su producto es una extensión de su alma: es el reflejo de su persona. Si está al mando de una gran empresa, todo lo que haga ese será *usted*. Si tiene un negocio, su trabajo será *usted*. Si es asistente del encargado de la limpieza, podrá inspirar a todos en la compañía por su devoción a la excelencia. Si es ama de casa, puede inspirar grandeza y liderazgo con visión en su familia, por el modo en que maneja el hogar. Hay una verdad bíblica que dice: *"Todo lo que el hombre sembrare, eso también segará"* (Gálatas 6:7). Si es incansable en buscar hacer siempre lo mejor que pueda, llegará a disfrutar de la recompensa.

Los cimientos de la grandeza

Una de las razones del fracaso prematuro de los negocios es que muchos inician su propio negocio para no tener un jefe encima. Esa no es una razón buena para iniciar una empresa, y por lo general carecerá de la motivación que le permita soportar los problemas y obstáculos que son necesarios para llegar al éxito. Hay algo en la mayoría de nosotros que se rebela contra la idea de ser "alguien del montón". Los que no buscan elevarse por encima del promedio, suelen pasar la mayor parte del tiempo soñándolo. Sin embargo, si queremos que nuestras vidas tengan significado, debemos desechar la ilusión de que buscar la grandeza nos hará grandes. Quienes han dejado su huella en la historia de la humanidad, lo hicieron por concentrarse en algo más allá de ellos mismos, por concentrarse en su producto.

Quienes buscan la grandeza y no más, son egocéntricos. Cuando el egocéntrico obtiene influencia o poder, se convierte en tirano. El egocéntrico inevitablemente es insignificante y pequeño.

La verdadera grandeza llega solo cuando la persona concentra su amor y atención en algo que está más allá de sí misma. Para Moisés, fue liberar a su pueblo de la esclavitud, para que pudieran adorar a Dios de verdad. Para Sócrates, fue el entendimiento. Para Miguel Ángel, fue pintar de modo de expresar la verdad. Para Tolstoi, era la literatura lo que le permitía expresar la verdad. Para Albert Einstein, era la ciencia lo que explicaba la "razón que se manifiesta en la naturaleza". Para Jesús, fue el traer a los hombres el perdón de sus fracasos para que pudieran conocer a Dios y alcanzar la altura y majestad para la que habían sido creados por Él.

Todos los que han tenido un impacto positivo en la historia de la humanidad le han dado más importancia al propósito o al producto, que a la realización personal. Tener algo más allá de nosotros en que concentrarnos, implica el poder de convertir lo mundano en un poderoso vehículo del progreso humano.

Sea lo que fuera que valga la pena hacerse, debe hacerse bien. Podemos comenzar haciéndolo mal, pero debemos decidir que lo haremos lo mejor posible. Lo que vale la pena estar en nuestra lista de prioridades, merece que le dediquemos todo nuestro corazón. La grandeza no resulta del deseo de ser grandes, sino de la determinación de tomar algo y llevarlo a alturas mayores, y ese algo debe estar fuera de nosotros mismos. No importa quiénes seamos, o qué nivel de estima o posición humana tengamos, al identificar a nuestro producto y convertirlo en el centro de nuestra atención y esfuerzo, marcaremos la diferencia. Quien toma una tarea mediocre y la eleva a un nivel de importancia, es un artista que merece la atención del mundo como gran líder.

Los principios prácticos del producto

El primer paso para hacer que nuestro producto sea exitoso es convertirlo en nuestra pasión. Si no nos gusta a nosotros, tampoco les gustará a otros. La pasión del verdadero amor es más contagiosa que cualquier enfermedad. Si siente pasión por su producto, contagiará esta pasión a otros. Victor Kiam amaba la afeitadora Remington lo suficiente como para comprar la empresa. Su programa de ventas estaba diseñado siguiendo su pasión por la afeitadora, y esa pasión vendió más afeitadoras, que la calidad, el precio o cualquier otro aspecto del artículo en sí.

El siguiente principio es hacer que su producto sea al menos algo útil, pero si no es posible esto, que sea esencial. Tiene que haber un propósito para el producto. George Washington Carver tomó el maní que estaba al fondo de todo en la lista de prioridades de todo el mundo, y lo hizo útil y hasta esencial en algunas de sus aplicaciones descubiertas más tarde. La vida da testimonio de que sin importar cuán insignificante sea nuestro producto o servicio, si nos dedicamos lo suficiente encontraremos aplicaciones que aumentarán su valor y utilidad. La creatividad debe aplicarse para hacer el producto y para encontrar sus aplicaciones de uso.

El siguiente principio para hacer que su producto sea exitoso, es darle un precio justo. Cuanto más justo sea el precio, tanto más exitoso llegará a ser. El precio debe determinarse por lo que debiéramos obtener, y no por lo que podríamos obtener. Si se aprovecha del monopolio o de la necesidad por su producto para exprimir todo lo posible de quienes lo necesitan, podrá tener ganancias inmediatas, pero no obtendrá negocios a futuro si pueden encontrar a otro que ofrezca mejor precio. La ambición es asesina cuando se trata de negocios. *Puede usted esquilar a una oveja muchas veces, pero solo una vez podrá quitarle el cuero.*

Si piensa que soy idealista, tiene razón en parte. El idealismo puede ser un engaño que puede llevarnos a la extinción, pero la falta de idealismo, *de seguro* nos lleva a la extinción. Si ha abandonado su idealismo por su afán de ganar, habrá perdido su humanidad y todo su potencial para lograr algo de significado.

Desafortunadamente, el título "Norteamericano feo", le cabe a varios empresarios y oficiales estadounidenses en el extranjero. No solo hemos sido arrogantes y presuntuosos, sino que hemos tratado de compensar la falta de calidad y valor de nuestros productos con la manipulación y la exageración. Eso puede funcionar durante algún tiempo, pero siempre da como resultado final, el fracaso.

Hace solo unas décadas, los estadounidenses eran considerados personas honestas y sinceras que cerraban un negocio con un apretón de manos. Pero luego una sutil forma de legalismo se infiltró en la fibra de la nación y todo lo *legal* era considerado correcto. Había que hacer todo aquello que estuviera legalmente permitido. Si algún historiador en el futuro escribe sobre el ascenso y declinación de los Estados Unidos, seguramente descubrirá el sutil pero terrible engaño, como el hacha que derrumbó a este poderoso árbol. Si no hacemos cambios dramáticos y de importancia, *"Made in America"* seguirá siendo el epíteto de la mala calidad, el sobreprecio y la dependencia de la exageración en reemplazo de la integridad. Si se ve motivado a hacer lo que sea, mientras la ley lo permita, es enemigo de la humanidad. Como Judas, habrá ganado sus monedas de plata, pero habrá perdido su alma.

Winston Churchil observó con astucia que "Si uno no es un liberal a los veinte años, es que no tiene corazón; pero si a los cuarenta no es conservador, es que no tiene cerebro". Si para los cuarenta uno ha perdido el corazón, el cerebro tampoco funcionará como debe. La verdadera integridad se halla en el equilibrio entre el idealismo y el pragmatismo. Para que el cuerpo funcione correctamente necesita de la mente y del corazón. El péndulo se ha inclinado demasiado hacia el pragmatismo. Debemos volver a los ideales de la honestidad y los valores, y tomar en cuenta el propósito para el cual ofrecemos nuestro producto. El mundo de verdad quiere respetar y amar a los estadounidenses, pero depende de nosotros el darles el motivo para hacerlo.

> "El coraje mira al miedo a la cara y lo domina. La cobardía reprime al miedo y, por lo tanto, se deja dominar por él."
>
> –Martin Luther King Jr.

Capítulo diecisiete

La administración

La administración es el cerebro y el sistema nervioso de toda empresa. Por medio de esta se controlan todos los otros aspectos esenciales, de la misma manera en que el cerebro controla a todos los órganos de nuestro cuerpo. Sin importar la calidad y fuerza de los otros aspectos esenciales, si la administración no funciona correctamente, nuestro emprendimiento será como un cuerpo sano con una mente enferma: atrapado en algún punto entre el descontrol y la inutilidad. Sin embargo, si la administración es saludable, podrá compensar los problemas que se presenten en otras áreas esenciales, independientemente de la gravedad de estos.

Crecimiento del control o pelea contra el cáncer

La administración es el punto donde nacen todos los emprendimientos. Nadie ha comenzado algo hasta haber tomado la decisión de hacerlo, y las decisiones son función de la administración. Después de la decisión inicial de comenzar, la mayor parte de la atención se concentra por lo general en el producto, el mercadeo, los recursos y el manejo del tiempo. La administración de los emprendimientos suele ir evolucionando, reuniendo partes, y nace más de la necesidad y la crisis que de la planificación cualitativa. Este tipo de desarrollo casi casual en algo muy esencial para el emprendimiento, es una de las principales causas del fracaso.

Si se deja todo al azar y a las circunstancias, sin planificación, la administración se convertirá en un cáncer que se alimentará a sí mismo. Seguirá creciendo hasta exprimir la última gota de jugo en el emprendimiento. La administración aumenta, capa tras capa, hasta que es ineficiente e inefectiva y se vuelve más una carga que la fuerza que da vida a la empresa.

Hay muchos gobiernos que son buenos ejemplos de administración cancerosa. ¡En 1980, los Departamentos de Bienestar Social de los EE.UU. tenían más de un empleado por cada beneficiario! Si el bienestar de los menos afortunados era la prosperidad, esta proporción desastrosa no debería haber llegado a existir. Obviamente, la promoción del departamento era más importante que la razón por la que había sido creado.

Las administraciones de muchas corporaciones son igual de enfermas. Y las de muchas escuelas, hospitales, caridades, iglesias y ministerios. Como la administración es el cerebro y el sistema nervioso de la empresa, si se instala el cáncer allí, será fatal.

¿Cómo evitar esto? El desarrollo y control de nuestra administración debe ser algo que hay que planificar y cuidar al igual que los demás aspectos esenciales. Esto solo puede lograrse con un liderazgo efectivo, capaz de discernimiento.

La sobrecarga: ¿amiga o enemiga?

Un líder efectivo debe ser positivo en su orientación, pero debe saber decir una palabra importante: no. Por ejemplo, si la administración se ve manejada por el gerenciamiento de crisis en lugar de la planificación sólida, necesitará contratar cada vez más personal a medida que crece la carga de trabajo. Nuestra primera respuesta a la sobrecarga no debiera ser gastar más dinero o recursos para resolverla, sino utilizar la presión como una oportunidad para encontrar modos más eficientes, mejores, para cumplir con el trabajo. Una empresa manejada con eficiencia, estará sobrecargada solo durante breves períodos.

Hay ciclos en casi todas las actividades. Si nuestra carga de trabajo es demasiado alta como para poder cumplirla, la tercera parte del tiempo, es posible que no tengamos suficiente que hacer también la tercera parte del tiempo. El líder debe navegar en la línea media que está entre la sobrecarga y la falta de tareas, para lograr máxima eficiencia. Las sobrecargas pueden ser presiones creativas que necesitamos para mejorar nuestros sistemas y fortalecer los músculos de nuestra empresa. Contratar más personal o utilizar más recursos para resolver la sobrecarga, solo aumentará la grasa, que debilitará al corazón del emprendimiento.

El presidente "Jimmy" Carter, a fines de la década de 1970, propuso una vez un "presupuesto base cero". Según este plan, cada uno de los Departamentos del gobierno comenzaría con un presupuesto de cero al iniciar cada año fiscal, y luego debería justificar cada uno de los dólares recibidos. Si el liderazgo para implementar este programa hubiera existido de verdad, habría aumentado en mucho la eficiencia del gobierno federal. Se habrían requerido ciertas salvaguardas, pero algo de esta naturaleza debe implementarse antes de que el peso de nuestro gobierno destruya a la economía que lo sostiene.

Si no hay sistema posible para efectivamente hacer que la administración rinda cuentas regularmente, se convertirá en grasa, o en cáncer. Por sí misma, la administración comenzará rápidamente a pensar y actuar como si la empresa entera existiera para su propio beneficio y no para el de los demás. Se requiere que el líder vigile constantemente, para evitar que esto suceda.

El factor recompensa

Cuando gerenciamos, obtenemos lo que recompensamos. Puede no ser lo que queremos o lo que esperamos recibir. Muchas empresas, aún a pesar de su énfasis, capacitación y esfuerzo puesto en el gerenciamiento eficiente, terminarán en el fracaso porque en verdad la recompensa es eficiencia. Si nadie debe rendir cuentas, los departamentos más ineficientes terminarán con la mayor cantidad de personas, con los presupuestos más altos, el mayor prestigio, poder e influencia. Al mismo tiempo, el departamento más eficiente, que haya mantenido a su personal a raya, trabajando con efectividad, perderá influencia y recompensas. Si quiere usted una administración eficiente, debe recompensar la eficiencia y penalizar la ineficiencia y el derroche.

El CEO o Presidente

Utilizaremos el título CEO (Chief Executive Officer, en inglés), para referirnos a la cabeza de la empresa. En cada organización, podrá tratarse de otro cargo: general, pastor, etc.

El CEO debe ser un líder, y no un gerente. Da dirección a la empresa, sobre dónde ve los objetivos que desea alcanzar. El mejor CEO deberá enfocarse en los conceptos y ser capaz de ver la imagen general. Sin embargo, también debe ser capaz de comprender los detalles, porque de lo contrario se inclinará por los objetivos poco realistas y por la dirección poco definida, lo que causará confusión en lugar de inspiración.

Esta es una posición solitaria. Las oportunidades son muy buenas, pero también lo son las dificultades. A menudo será el único que podrá ver la imagen completa. Los gerentes responsables de las otras áreas esenciales, por lo general sentirán que sus departamentos son los más importantes de la compañía, y en cierto grado, es lo que uno espera de ellos. Esto refleja la importancia que le dan a su trabajo. El CEO deberá alentar la lealtad de cada jefe de departamento por su departamento, claro, pero también debe equilibrar la presión que recibe de cada uno de ellos para poder mantener el curso.

Para lograr esto, el CEO debe saber dónde está yendo, y tener el coraje y la fortaleza de dejar de ver las presiones o tomar la acción correcta cuando sea necesario.

La tenacidad templada por la flexibilidad

El CEO es como el capitán de un barco, que debe conocer su destino y su curso antes de salir del puerto. Casi todos los planes requerirán cambios, porque todo viaje tiene sorpresas imprevistas. A causa de esto el capitán debe ser capaz de amoldarse a las sorpresas, sin perder de vista el curso planificado. Es fácil trazar el curso mientras se está en el puerto, pero puede ser mucho más difícil volver a calcularlo después de que una tormenta o un problema inesperado nos han alejado de la posición planeada.

Como capitán deberá mantenerse alerta. Cuando llega la tormenta, no puede permitir que lo desvíe de su curso. Cuando miramos un río desde un avión, por lo general nos sorprenden los meandros. Los ríos muchas veces recorren kilómetros innecesariamente, para terminar en el mismo lugar al que llegarían en línea recta. ¿Por qué sucede esto? Porque el agua busca el camino de la menor resistencia. Si se inclina usted por dejar que la resistencia le haga cambiar el curso, muchas veces viajará kilómetros, innecesariamente, para llegar a destino. La mayoría de los barcos no llevan recursos ni combustible suficientes como para alejarse demasiado de su plan original. El criterio en este aspecto marcará la diferencia quizá entre el éxito y el fracaso.

Como piloto decidí que me convenía ser lo mejor posible. Pedí los instructores más duros, y luego me oponía a ellos porque sabía que si no era capaz de manejar un avión correctamente bajo su presión, en una situación de emergencia estaría perdido. Había días en que volvía de la clase y no quería volver a ver un avión nunca más. Me sentía humillado y frustrado, pero luego cuando debí enfrentar tormentas y situaciones límites, le agradecí al Señor muchas veces por la dureza de esos instructores.

La arrogancia nos vuelve incapaces de aprender, mientras la humildad nos hace aprender continuamente. La capacitación y la preparación nunca terminan para los grandes líderes y gerentes. La preparación y la planificación nos ayudarán a tomar *las mejores* decisiones, independientemente de las circunstancias en que nos encontremos.

Dos tipos de liderazgo

Hay dos formas básicas de encarar el liderazgo: la agresiva y la conservadora, a pesar de que hay un sinfín de variantes para cada una. Hay ventajas en cada una de estas miradas. Con pocas excepciones, los líderes más renombrados de la historia han sido de naturaleza extremadamente agresiva. Sin embargo, la gran mayoría de los líderes más exitosos, aunque quizá menos notables, han sido del tipo conservador. Los líderes agresivos que pueden adaptarse y ser conservadores cuando hace falta, son los más exitosos de todos. Pocos pueden lograr esta flexibilidad. Veamos brevemente cada uno de estos tipos de líder.

El líder agresivo

Es el tipo de líder que siempre hace un gol. No le gusta hacer pases, y buscan siempre anotar puntaje. Sus éxitos son espectaculares. Pero también suelen fracasar más a menudo. La misma actitud que los lleva a obtener grandes resultados es la que les hace cometer errores. Si tiene usted miedo de fracasar, jamás logrará el éxito, porque no jugará el partido.

Los más grandes líderes han aprendido a utilizar sus errores y fracasos como oportunidades para subir aún más alto. Por lo general aprendemos más del fracaso que del éxito. Quienes llegan al éxito sin fracasos, tenderán a ser superficiales e ingenuos. Se les considera como capaces de responder todas las preguntas. Pero los líderes grandes de verdad, son los que prefieren escuchar en lugar de hablar, y buscan siempre una mayor comprensión. Piense en Abraham Lincoln, uno de los más grandes líderes que hayan tenido los Estados Unidos:

- Fracasó en los negocios en 1831.
- Fue derrotado en la elección a la legislatura en 1832.
- Nuevamente falló en los negocios en 1833.
- Tuvo una crisis nerviosa en 1836.
- Perdió la elección para orador de la Legislatura en 1838.
- Perdió la elección como concejal en 1840.
- Perdió la elección como congresal en 1843.
- Perdió nuevamente esa elección en 1848.
- Perdió la elección como senador en 1855.
- Perdió la elección para la vicepresidencia en 1856.
- Nuevamente perdió la elección para el Senado en 1858.
- Fue elegido Presidente en 1860.
- Salvó a la Unión.

Es difícil entender cómo un hombre podría soportar las continuas crisis y presiones que Lincoln sufrió mientras fue presidente. A veces, su propio partido y sus más queridos amigos lo abandonaban. Pero con resolución mantuvo su curso hasta conseguir la victoria. La lista explica cómo logró soportarlo. ¡El hombre conocía el fracaso, pero no la derrota! Cada derrota lo hizo más decidido y lo preparó para su tarea más importante. Los obstáculos pueden hacernos mejorar o amargar. La elección es nuestra.

Al observar los equipos de los campeonatos, vemos que han llevado más años sin ganar que años con victorias. Aprenderemos mucho más de nuestros fracasos que de nuestras victorias, pero jamás debemos conformarnos con el fracaso. Si nos resignamos al fracaso, seremos un fracaso. Pero si utilizamos los fracasos para aumentar nuestra determinación, estamos destinados para la victoria.

La categoría de líderes agresivos ha producido a los personajes más renombrados y memorables de la historia. Las brillantes victorias y devastadores fracasos marcaron sus vidas. Austerlitz y Waterloo, Chancelorsville y Gettysburg. Ganaron a lo grande, y perdieron a lo grande, pero siguieron jugando con todo su corazón.

Los que tienen esta naturaleza prefieren perderlo todo antes de resignarse. Si usted no es así, quizá sea casi imposible que entienda a los que sí lo son. Son pocos, pero la historia siempre ha ido tras sus pasos. Si usted es un líder agresivo, o si trabaja para uno de ellos, prepárese para la montaña rusa, porque vivirá permanentemente sobre la delgada línea que separa al desastre arrollador de la victoria rotunda.

Estas son algunas de las características del temperamento agresivo:

Puntos fuertes:
- Rara vez se desalientan.
- Se hacen cargo sin dudar.
- Son decididos.
- Son aventureros.
- No claudican.

Debilidades:
- Les falta compasión, pueden ser duros.
- Son impacientes.

- Establecen parámetros demasiado altos, esperan demasiado de los demás.
- Pocas veces elogian a los demás.
- Son impetuosos y toman decisiones apresuradas.
- No retroceden aunque sea la opción más sabia y estratégica.
- Tienden a comprometerse demasiado.

El líder conservador

No es menos importante para el progreso y el éxito. Sin ellos, el caos sería insoportable. Proveen estabilidad y longevidad. Sus vidas no son tan espectaculares como las de los líderes agresivos, pero tienen sentido y recompensa. Se los conoce como "la sal de la Tierra". Se mueven más despacio, pero su genio es igual de profundo.

El General Longstreet, un comandante del Ejército de Lee, en Virginia del Norte, era de esta naturaleza. En muchas de las grandes victorias tuvo la misma responsabilidad que el más famoso Stonewall Jackson. No se movía con la misma rapidez, pero tampoco abandonaba su posición con facilidad. Muchos historiadores creen que Longstreet merecería más fama que Jackson, si se mira el curso de la guerra. Longstreet no era espectacular, pero sí coherente. Por un lado su lento movimiento en Gettysburg podría haberle costado la victoria y aún la guerra a la Confederación. Aún así, si Lee hubiera escuchado sus consejos, no habrían sufrido el ataque de Pickett que les costó la batalla y quizá la guerra.

Cuando el líder conservador pierde, por lo general es porque no aprovecha la oportunidad. Gana a veces simplemente porque es el único que queda. Si una empresa puede tener a la cabeza dos líderes, uno de cada tipo, como el Ejército de Virginia del Norte, tiene las mayores oportunidades.

Después de Gettysburg, Lee le prestó más atención a Longstreet. Si pensamos en las desventajas que tenían, ganaron algunas de las mayores batallas en esa época. Los historiadores dicen que en realidad jamás volvieron a perder, sino que solo se quedaron sin hombres ni recursos. El genio de Longstreet para la defensa en estos conflictos es evidente. Las tácticas que ideó fueron utilizadas por ejércitos en todo el mundo, durante el siglo siguiente. Aún así, la historia no lo recuerda tanto como a Lee y Jackson. Tampoco los hombres, o la historia, le dan a este tipo de líder sólido lo que merece. Pero no son menos responsables de haber dado forma a la historia de la humanidad.

La verdadera sabiduría en el liderazgo es la de saber cuándo ser agresivo y cuándo conservador. Esto puede determinarse según el estado de los aspectos esenciales en su empresa.

Tuve un negocio que se parecía al ejército de Lee. Tenía tan pocos recursos que no tuve más opción que ser agresivo, era mi única esperanza de sobrevivir. Cuando llegué a mi batalla de Gettysburg, la oportunidad de la victoria total, también yo tuve un Longstreet: mi contador.

Me rogó que fuera conservador, pero había ganado yo tantas victorias venciendo grandes obstáculos, que comencé a pensar que jamás podría perder. Este es el síndrome del Titanic, y puede ser incurable a menos que hayamos sufrido un gran naufragio. Las victorias nos hacen sentir tan invencibles que navegamos sin cuidado en las aguas más traicioneras.

Por otro lado, quizá nunca sepamos cómo ganar si no fracasamos antes. Los líderes más sabios y efectivos por lo general han sufrido varias derrotas devastadoras. Un gran número de los líderes de negocios más exitosos de los Estados Unidos han pasado por al menos una bancarrota. Desagraciadamente, en los negocios tendemos a matar a los heridos y entonces los que podrían llegar a ser grandes líderes pierden la oportunidad de serlo. Recuerde al capitán Edward J. Smith: jamás había cometido un solo error. Por eso se le había elegido para capitanear el Titanic en su viaje inaugural.

El General U. S. Grant es un ejemplo del equilibrio entre los estilos agresivo y conservador. Era notablemente valiente para idear estrategias, pero conservador en la preparación e implementación de las mismas. No dudaba en marchar en contra del enemigo, pero tenía la sabiduría de ser cauteloso. Una de las características más importantes de este hombre, era su determinación y persistencia.

Lee era un líder notable, pero Grant fue por lejos el mejor General en la Guerra Civil. Quizá hubiera terminado la guerra mucho antes si se le hubiera dado libertad para decidir. A menudo debió pelear en contra de la interferencia de Washington con la misma fuerza con que se enfrentaba al enemigo. Aún así, no se mostró frustrado porque sus superiores contradijeran o modificaran sus órdenes, sino que aprendió a rodear las objeciones con tacto y respeto. El tipo demasiado agresivo rara vez tendrá esta paciencia o humildad. Como todos los grandes líderes, Grant se mantuvo concentrado en el objetivo final: ganar la guerra.

La oportunidad de la adversidad

Casi cualquiera puede liderar cuando todo va bien; es la capacidad de manejar la crisis lo que separa al verdadero líder de quien finge serlo. Para muchos, las crisis son amenazas de desastre, pero para el verdadero líder son oportunidades: vibran con la intensidad del momento. No podemos hacer esto con mente clara si nos domina el miedo al fracaso.

Muchos sureños siguen hablando de cómo habrían ganado la guerra si Lee no hubiera intentado invadir el Norte. No se requiere ser gran genio militar para darse cuenta de que esto no es cierto. La crisis se define en un punto en que se decide si el paciente va a vivir o a morir. La Confederación había llegado precisamente a ese punto. Vicksburg iba a caer y la Confederación se quebraría en dos. Los recursos se agotaban y la pelea de los dos ejércitos había destruido las cosechas de Virginia durante dos años. Con todas las grandes victorias del Ejército de la confederación, el Sur estaba aún así al borde del colapso. La sabiduría convencional decía que debían retirarse y ocupar solo algunos Estados que pudieran retener. En una de las decisiones más valientes de la historia militar, Lee decidió que era momento de atacar. Cuando parecía que todo estaba perdido, llevó a la Confederación al umbral de la victoria total.

El mundo entero se sorprendió por la valentía de Lee. Muchas naciones estaban dispuestas a reconocer a la Confederación y a asistirla si hubiera ganado solo una batalla en terreno de la Unión. Aún con el corazón roto por la derrota de Gettysburg, Lee le dio a la Confederación un año más de existencia. No solo se les había otorgado a los granjeros de Virginia un año más de cosechas, sino que se recuperaron varios meses de provisiones en el Norte.

A veces, una buena ofensiva será la mejor defensa, pero los tímidos no siempre ven esta oportunidad. La crisis más grande puede ser nuestra mejor oportunidad, si nos mantenemos lo suficientemente calmos como para estar un paso más adelante de la crisis. Como dijimos anteriormente, fue esto lo que permitió que el General Pershing hiciera del avance alemán una oportunidad para ganar la guerra.

El peligro de la prosperidad

Así como la crisis puede ser una oportunidad para la victoria, la prosperidad continua puede llevar a la derrota. ¿Cuántos grandes equipos deportivos han fallado ante competidores débiles porque confían demasiado en su capacidad? La historia está plagada de imperios que fueron heridos de muerte en la cúspide de su prosperidad. El éxito puede hacernos vulnerables al golpe devastador cuando menos lo esperamos.

Si es usted uno de los pocos que no pueden conformarse a menos que esté en la cima, entonces siga su deseo. Porque de lo contrario, molestará a todo el mundo hasta lograrlo. Pero escuche a los conservadores cuando hablan, y esté dispuesto a seguir sus consejos cuando corresponda. No solo le ayudarán a llegar a la cima, sino también a mantenerse allí.

Si está dispuesto a vivir con victorias pequeñas, probablemente solo tenga que soportar derrotas pequeñas. Y si esta es su naturaleza, no intente ser otra cosa, o morirá de úlcera o de un ataque al corazón. Aún así, preste atención a los que son más agresivos. Quizá le abran los ojos a las oportunidades que pueden hacerle lograr más, con mayor riesgo. También le ayudarán a descubrir cuándo no hay otra opción que arriesgarlo todo. Estas decisiones a veces también se les presentan a los conservadores.

El temperamento conservador presenta, entre otras, las siguientes características:

Puntos fuertes:
- Planifican bien.
- Son buenos para soportar la presión, no reaccionan exageradamente.
- Son fieles a su compromiso.

- Piensan con detenimiento.
- Logran sus objetivos.
- No los sorprenden las circunstancias.
- Son pacientes.

Debilidades:
- No ven las oportunidades.
- Abarcan más de lo que aprietan.
- Son aburridos.
- Retroceden más fácilmente.

El gerente de posición media

Esta es quizá la posición más difícil en toda organización. Se obtiene poco crédito, pero mucha culpa. La gerencia media es una posición poco hospitalaria, así que no espere sentirse cómodo aquí. Nadie aspira a ser un gerente medio, porque la posición se considera una plataforma para poder ascender a más. Sin embargo, la mayoría de los que logran esta posición permanecen allí. Y la mayoría de los que llegan aquí, mueren en este desierto, sin llegar nunca a la Tierra Prometida.

Cuando Moisés lideró a los israelitas fuera de Egipto con visiones de su tierra prometida, la primera generación murió en el desierto sin llegar a ver esa tierra. Murieron allí por el mismo motivo que los gerentes medios: porque dejaron de creer y comenzaron a quejarse. La queja oscurece el alma. La queja no construye: destruye. Solo los que construyen pueden llegar más allá del nivel de gerencia media.

Moisés le dijo al pueblo de Israel que los había llevado al desierto para probarlos y hacerlos más humildes. La gerencia media también logra el mismo propósito. A todos nos va bien cuando las cosas están bien. ¿Quién puede mantener la compostura y la firmeza en medio de la dificultad y la aparente injusticia? Solo aquellos que tienen lo que se requiere. Todo el mundo quiere llegar a la cima. Solo uno en mil estará dispuesto a pagar el precio. El desierto de la gerencia media separa a los ungidos de los falsos pretendientes al trono.

Mientras los israelitas estaban en Egipto se les prometió una tierra de leche y miel. ¡El lugar al que llegaron al comienzo no era nada de eso, porque no había siquiera agua! Era lo opuesto a lo que se les había prometido. La gerencia media por lo general será lo opuesto de todo lo que ha vislumbrado usted para su carrera. La cachetada por lo general llega apenas se asume esta posición. Aquí hay presión sin alivio, sacrificio sin recompensa. Se amargará usted, o se hará mejor, pero será diferente. Aumentará su resolución o perderá su recompensa. Aquí, sin determinación y disciplina, su visión se esfumará en sueños que jamás llegarán a ser realidad.

El Señor sí tenía una Tierra Prometida para Israel, y no quería que la primera generación pereciera en el desierto. Si ha llegado usted a la gerencia media, habrá recorrido la mitad del camino y tendría que poder llegar allí.

La prueba de fe

Como dijimos anteriormente, se requiere fe para entrar en la tierra prometida. La fe, según el diccionario de sinónimos y antónimos, es "La unión entre la creencia y la confianza; una creencia tan potente que forma parte de la propia naturaleza de la persona".

La fe es más que la creencia. Creer es dar afirmación intelectual; la fe es ser inseparable del objeto de nuestra devoción. La creencia puede cambiarse o perderse mediante un argumento convincente; la fe forma parte de la persona y solo la muerte puede quitársela.

En términos religiosos, entendemos la fe. Pero debemos entender que *todos tenemos religión*. Todo creemos en algo. La fe es la sustancia de nuestra existencia e identidad. Nuestra fe es lo que somos. Todos tenemos fe. Aquello en que tenemos fe es lo que determinará cuál es nuestra religión. El ateísmo es la religión del "humanismo", o la adoración de la humanidad. Cuando más fuerte sea la fe que tenemos, tanto mayor será su existencia y el impacto que tendrá. Cuanto más positiva sea la fe, tanto más constructivo será su impacto.

La fe también puede tener un "lado oscuro". Fue la fe de Hitler en su demencial racismo lo que lo llevó a cometer acciones que hirieron a la humanidad durante generaciones. Debemos preguntarnos: ¿En qué basamos nuestra fe? ¿Es una fe positiva o negativa? ¿Es fuerte?

En el cristianismo, esta diferencia entre *creencia* y *fe* es la diferencia entre ser un verdadero y devoto seguidor de Cristo, y un mero imitador que se engaña para acallar su conciencia. Por eso el verdadero genio del cristianismo, el apóstol Pablo, dijo que es la fe del corazón y no de la mente lo que nos lleva a la salvación. La popular y destructiva "creencia en Dios", que es solo creer que Él existe, logra muy poco, y no es la esencia de la *verdadera* fe cristiana. El engaño de que solo necesitamos creer que Dios existe, es lo que impide que encontremos la verdadera religión de la *fe en Dios*.

El mismo principio se aplica a todas las religiones y a todos los aspectos de la vida y la empresa. Hay una gran brecha entre creer en nuestros objetivos y tener fe en ellos. Esa brecha separa a los que consiguen el éxito, de quienes pasan la vida vagando sin rumbo en el desierto. Quizá cubran mucho terreno, pero andan en círculos y nunca llegan a ninguna parte.

La persona sin fe es como un automóvil sin motor: puede verse muy bello, pero no irá a ninguna parte. Cuanto más fuerte sea la fe, tanto más lejos y más rápido llegará. Creer meramente es algo superficial, y solo logra calmar las emociones. La fe es un poder vivo que puede mover las montañas que están en medio de nuestro camino, hacia el logro de nuestros objetivos.

Moisés llevó a los israelitas al desierto para que cambiaran sus supersticiones y limitadas creencias por una fe sólida como la roca. Nuestro desierto, sea el pantano de la gerencia media u otras circunstancias que nos mantienen en un lugar opuesto a lo que esperamos, puede hacer lo mismo por nosotros. Si respondemos adecuadamente a nuestro desierto, ¡convertirá la frivolidad emocional en fuerza! Tomemos nuestras dificultades, veámoslas como oportunidades que nos llevarán a nuestra tierra prometida. Si permitimos que las dificultades nos desalienten, también nosotros moriremos en el mismo lugar, sin haber cumplido jamás con nuestros objetivos.

La prueba de la libertad

Moisés pudo sacar a Israel de Egipto, pero no pudo sacar a Egipto de dentro de los israelitas. Las dificultades del desierto tenían ese propósito. Los israelitas habían sido esclavos en Egipto, y la esclavitud es la condición humana más vil. Hay una seguridad en la esclavitud que es difícil de olvidar. Aún cuando los israelitas estaban libres, y avanzaban hacia su destino, cada vez que encontraban dificultades ¡la mayoría pensaba en volver a la terrible opresión de la esclavitud, sentían que habrían estado mejor como esclavos en Egipto!

Esta es la línea divisoria que separa a quienes avanzan hacia la victoria de quienes retroceden hacia su destino fatal. Nadie logrará este objetivo o destino hasta ser completamente libre. El hombre libre prefiere morir en el desierto intentando ser libre, a volver a la esclavitud. Hasta tanto no tomemos la decisión de no regresar, sin que importen las dificultades, no podremos avanzar.

El síntoma más evidente de la rendición a la esclavitud, es la queja. El que se queja ha perdido la fe, porque en su corazón ya ha claudicado. El que tiene verdadera fe se enfrenta a los mayores obstáculos, con la idea de que son una oportunidad hacia la victoria mayor, y avanza más rápidamente hacia su objetivo. No debemos confundir esto con el optimismo ciego que es solamente otra forma de la mera creencia disfrazada de fe verdadera. El optimismo se marchita en el desierto; la fe verdadera se fortalece y se vuelve más decidida a medida que aumenta el calor.

La fe verdadera puede mover montañas, y moverá a todos los que estén en su camino. La fe verdadera abre el camino; no anda por senderos ya marcados. Es por esto que la fe verdadera es verdadera libertad; *nadie* puede ponerle grilletes. La fe verdadera es la capacidad de tomar la visión de nuestro destino, con tal fuerza que nadie nos la pueda quitar hasta haberlo logrado. La fe verdadera mueve todos los obstáculos, pero no hay obstáculo que la mueva. La fe verdadera *llegará* a la Tierra Prometida.

Los primeros tres días de los israelitas en el desierto fueron terribles, porque ni siquiera tenían agua. Luego llegaron a un pozo de agua, pero esta estaba echada a perder. Sin lugar a dudas, esto era una prueba. No comprendían que Dios podía hacer que el agua se volviera potable. Su primera respuesta a la desilusión fue la duda y la queja, y fue el Destructor el que la plantó en ellos.

Quien haya estado verdaderamente sediento podrá identificarse con los israelitas. La sed hace aflorar nuestros instintos básicos de supervivencia. Pueden haber tenido una excusa real para quejarse, pero esta prueba difícil también era su mayor oportunidad. Las pruebas difíciles son las que hacen surgir la verdadera fe. La verdadera fe es interna, no externa, y no depende de circunstancias externas. *La verdadera fe no cambia con la desilusión, sino que se fortalece. La verdadera fe siempre tornará el agua amarga de la desilusión en agua dulce de mayor oportunidad.* Cuando la desilusión da como resultado la queja, el destructor de nuestra fe ha sido liberado y nuestra visión está lista para morir.

El desierto, sea la gerencia media, la clase media o la mediana edad, hará que surja en nosotros lo mejor o lo peor. Somos nosotros quienes decidimos cuál de las dos cosas será.

Capítulo dieciocho

El marketing

Puede usted tener un gran producto, excelente administración, perfecto manejo del tiempo y buenos recursos, pero si el mercadeo –*marketing*– es débil, hay posibilidades de que fracase. Algunos de los mejores productos del mundo, ofrecidos a precio excepcional, han fallado a causa de un mal mercadeo.

En este estudio definimos al mercadeo como la promoción y la distribución, porque están muy ligados. Este capítulo revisa algunos de los principios generales sobre los que dependerá el éxito verdadero y perdurable.

Investigación estratégica

El mercadeo efectivo comenzará con un profundo conocimiento del mercado. Solo entonces podemos trazar una estrategia para alcanzar a nuestro sector-objetivo. Sin este conocimiento, deberemos trazar un plan para investigar. La investigación de mercado puede ser tan importante como la investigación utilizada para desarrollar el producto.

Al menos parte de la investigación deberá hacerse antes de desarrollar el producto. Podemos tener el mejor artículo del mundo, pero si hay tres personas en el mundo que lo necesitan y dos de ellas ya lo tienen, tendremos pocas posibilidades de éxito. Cuanto mayor sea el mercado para nuestro producto, tanto mejor la perspectiva de éxito. Cuanto menor o más competitivo sea el mercado, mayor capacidad y habilidad necesitaremos para promocionarlo.

El manejo del tiempo y los recursos utilizados con sabiduría para investigar el mercado, podrán ahorrarnos muchas veces lo que debamos gastar. Y la investigación no solamente ayudará a identificar nuestro mercado sino, además, contribuirá a desarrollar el producto, determinar la calidad y la cantidad, el precio de lo que producimos, y nos dará ventaja para distribuir el producto cuando esté listo. Como dijimos antes, parte de la investigación deberá hacerse antes de comenzar la producción y luego, regularmente, porque los mercados cambian continuamente.

Hay muchas empresas de investigación de mercado que probablemente puedan hacer este estudio con mayor precisión y menor costo que si lo hacemos nosotros. Estos estudios independientes también pueden ser de gran ayuda para que reunamos el capital y otros recursos necesarios para nuestro emprendimiento. Todo banquero e inversor sabe que por mucho que intentemos ser imparciales en nuestro estudio, nuestro amor por el producto o nuestros sueños de éxito podrán afectar nuestros resultados. Una buena compañía de investigación de mercado descubrirá la verdad y nos la comunicará, y es necesario que sepamos la verdad para poder lograr el éxito.

Dar en el blanco

Muchos productos potencialmente exitosos no logran tener éxito porque sus promociones apuntaban a un mercado equivocado. Si hubieran apuntado al mercado adecuado, sus esfuerzos, probablemente habrían alcanzado el éxito. Veamos este libro como ejemplo.

Con pocas excepciones, solo los grandes estudiosos y los educadores se sienten atraídos por los libros gruesos de tapa dura. Sin embargo, los educadores y estudiosos forman una parte reducida del mercado total. También descubrimos que luego de las ciento cincuenta páginas un libro pierde aproximadamente un uno por ciento de los lectores potenciales por cada dos páginas adicionales. Por eso, un libro de doscientos cincuenta páginas significaría perder un cincuenta por ciento de los lectores potenciales de un libro de ciento cincuenta.

Las personas a las que les gustan los libros delgados están a ambos extremos de la escala social. Los ejecutivos prefieren los libros delgados porque toma menos tiempo leerlos, y el tiempo es importante para ellos. Las personas menos instruidas prefieren los libros delgados porque no asustan tanto. Por otro lado, los estudiosos y los educadores que aman los libros gruesos, por lo general ven a los libros delgados como con poca sustancia, y por ello, menos merecedores de su atención.

Si su libro apunta a los ocupados ejecutivos, pero tiene trescientas cincuenta páginas, probablemente llegue solo a un pequeño porcentaje del mercado que habría atraído con un menor volumen. Hay autores que apuntan a los estudiosos con su contenido, pero producen libros más cortos con tapa blanda, aunque no les gusten tanto. Otros, que producen los volúmenes más gruesos que tanto les atraen, escriben con un estilo personal e informal que a los estudiosos no les gusta demasiado. Quienes podrían apreciar el estilo no eligen el tamaño del libro. Muchos libros serían más exitosos si los autores y las editoriales tomaran en cuenta al público al que quieren alcanzar mientras se está escribiendo el libro.

Cada capítulo de este libro podría expandirse hasta ocupar un libro entero de ciento cincuenta páginas, o más, o combinarse con los demás en un volumen de mil páginas. Sin embargo, las personas a las que quiero llegar no lo leerían. Decidí tomar en cuenta los principios básicos en un libro compacto, pues sé que quienes lo leerán podrán expandir los principios que presento si les es necesario. También puedo seguir este libro con estudios más avanzados, en otros libros. Por otra parte, si estuviera apuntando a los educadores y estudiosos, habría elegido una versión gruesa y de tapas duras.

Una visita a una agencia de publicidad de buena calidad, o una buena compañía de investigación de mercado, no solo nos ahorrará tiempo y recursos, sino que puede llegar a salvarnos del fracaso. El productor promedio no piensa como el consumidor promedio. *Quizá no piense usted como sus clientes, o como sus potenciales clientes.* La investigación efectiva le ayudará a comprender la perspectiva de su posible cliente para que su producto cubra sus necesidades y deseos, que pueden coincidir o no con los suyos.

Aquí enumero algunas preguntas que habría que responder para poder planificar una estrategia efectiva de mercadeo:

1. ¿Quién necesita el producto?
2. ¿Cómo comunicar de manera efectiva las bondades del producto, al enseñar sus cualidades?
3. ¿Habrá que dirigirse directamente al consumidor potencial, o por medio de un mayorista?
4. Si utilizamos a un mayorista ¿quién se hará cargo de la promoción, y en qué proporción?
5. ¿Hay publicaciones similares que efectivamente alcanzan a los consumidores que tenemos por objetivo?
6. ¿Cuál sería el mejor momento para la publicidad?
7. ¿El producto es más adecuado para estrategias de promoción a corto plazo y con alto perfil, o a largo plazo con perfil más bajo pero consistente?
8. ¿Qué otras formas de publicidad serían efectivas para el producto?
9. ¿Se requiere una fuerza de ventas propia, o podemos utilizar agentes?
10. ¿Qué les motivará a dar prioridad a la promoción de nuestro producto?
11. ¿Ha habido alguna encuesta reciente que indique qué información utilizar, o habría que hacerla?
12. ¿Quiénes son nuestros competidores? ¿Cuáles son sus puntos fuertes y sus debilidades? ¿Cómo utilizar su publicidad en beneficio de nuestro producto?
13. ¿Podremos promocionar en TV o radio?
14. ¿Qué consumidores potenciales podrían no *necesitar* el producto pero quizás sí *utilizarlo*? Por ejemplo, si el producto es agua mineral embotellada, las ciudades con agua de mala calidad podrían necesitarla, y otras quizá no la necesiten, pero podrían consumirla también.

Son estas solamente preguntas básicas que habrá que responder para poder promocionar el producto con efectividad. Habrá otras relacionadas específicamente con el producto y con usted, como por ejemplo el tamaño de la empresa, del mercado, el costo del desarrollo del producto. Todo esto puede definir la extensión de nuestro estudio de investigación.

La trampa de uno para todos y todos para uno

Muchas empresas se inician y fortalecen sobre la fuerza de un solo cliente, pero por lo general viven siempre al filo del desastre. Cuanto más diversificada sea la base de clientes, tanto más segura estará la empresa. Aún con las mejores intenciones de parte del cliente, los tiempos pueden cambiar. Aquí, el manejo del tiempo puede ser un factor esencial, y de ello hablaremos más adelante.

Mi compañía de transporte aéreo privado se multiplicó en tamaño sobre la base de un solo cliente: General Motors. Cuanto cortaron la producción en un quince por ciento, nosotros sufrimos una baja del ochenta y cinco por ciento. La gerencia no sabía cuánto tiempo duraría este recorte y me aconsejaron no poner todos los huevos en la misma canasta. Aún así decidí mantener mi personal de pilotos y tripulación, pues sabía que en dos semanas de negocios con GM, me recuperaría de dos meses de pérdida por mi exceso de personal. Fue una apuesta motivada por mi deseo de mantener el negocio con GM, y sabía que solo funcionaría si estaba yo listo para el momento en que me necesitaran.

La baja actividad duró muchos meses más de lo esperado, y al poco tiempo mi empresa ya estaba al borde del colapso. En el último minuto, salimos a buscar más clientes, y esto pareció salvarnos. Pero nos habíamos debilitado tanto que cuando llegamos a deberle a un proveedor veinte mil dólares que habíamos proyectado que él nos debería a nosotros, esa diferencia de cuarenta mil dólares hundió nuestro barco. Había habido días en que facturábamos más de cuarenta mil dólares en solo doce horas, pero en las críticas circunstancias en que nos hallábamos, nos declaramos insolventes.

Ahora, sé que las decisiones de administración y gerenciamiento siempre deben basarse en las circunstancias reales, y no en lo que espero o lo que proyecto. No quiero decir que los proyectos o estudios no puedan influir en la toma de decisiones –ni aun la esperanza– pero no podemos hacer de ellos la base de nuestra decisión.

Los hechos nada más, por favor

La división de mercados siempre verá las cosas con mayor optimismo de lo que la realidad justifica. Querremos que sean optimistas porque esa es la motivación que los mantiene productivos. Por lo general el optimismo de una fuerza de ventas es honesto; transmite las cosas del modo en que la ve realmente, pero suele verlas a través de "anteojos color de rosa".

Si su fe se combina con la persistencia, podrán imponer su fe por encima de la realidad y hacer que suceda lo que ven. De este modo, pueden convertir su optimismo en realidad. Esta combinación de fe y paciencia es poco frecuente, pero necesaria. Se apoya en la resolución de vencer las dificultades y convertir los fracasos en oportunidades. Pero la fe verdadera evalúa con precisión el modo en que las cosas se combinan con la visión y la esperanza, para ver cómo serán las cosas de verdad. Si combinamos la capacidad de enfrentar la realidad presente con la fe de ver las posibilidades, tendremos algo fundamental para construir un equipo exitoso de mercadeo. La exageración puede dar resultados a corto plazo, pero casi siempre terminará en el fracaso o la declinación.

Los buenos contadores suelen ser demasiado conservadores, del mismo modo en que los buenos vendedores son demasiado optimistas. Un buen gerente escuchará a ambos, pero no permitirá que ninguno defina la política a seguir. Ambas visiones deben entrar en el esfuerzo del mercadeo. Si su negocio consiste únicamente de su propia persona, piense en qué modo podría ayudarle a crecer la publicidad, y luego mire su chequera antes de decidir cuánto gastar. Por lo general lo mejor estará en medio de estos dos extremos.

Las mejores promociones

Nuestro éxito puede depender de cuán efectivamente publicitemos nuestro producto. Hay muchas opciones disponibles, pero debemos decidir cuál será la más efectiva y adecuada para nuestro caso. Yo no me operaría o atendería con un neurocirujano que publicitara sus servicios en un cartel en la ruta. Un buen abogado no necesita andar haciendo publicidad, o persiguiendo ambulancias. En algunos casos hay productos para los cuales la mejor promoción es la recomendación de los clientes satisfechos, la reputación y una trayectoria de éxito. Estos serán los productos con los más altos parámetros de integridad.

Si esto es cierto, entonces ¿por qué no basar nuestro mercadeo en la recomendación, la reputación y la trayectoria? Porque hay otros factores en el mercadeo de diferentes productos, y es cierto que la buena reputación y los clientes satisfechos podrían ser nuestra mejor estrategia de mercadeo. Si no logramos que nos recomienden o nuestra reputación no es algo que podamos vender, debemos pensar en cambiar de producto, de administración o de negocio.

Respaldo con clase

Hay una razón por la que el respaldo es una de las estrategias de publicidad más efectivas. Es la misma razón por la que el respaldo de los medios más conocidos, o de las personalidades famosas, no es nada barato. Por supuesto, muchos estarán dispuestos a comprometer su integridad al respaldar un producto, pero muchos querrán mantener un alto nivel de integridad por la sola razón de que si se descubre que el producto no da lo que promete, estarían perdiendo valor como respaldo. El respaldo de una personalidad conocida puede ser efectivo en la televisión, pero el respaldo de un cliente satisfecho a otro cliente potencial, será una base más sólida para el éxito continuado.

El mercadeo efectivo solo viene con buena planificación, al igual que los productos efectivos. Debe desarrollar una estrategia para lograr que sus clientes satisfechos lo recomienden. Podría obtener su opinión en un folleto o en otras propagandas. Pregúnteles si puede utilizarlos como referencia.

La recomendación es aún mejor que el respaldo o el patrocinio. Una recomendación es más que un respaldo; es una "pista" que casi seguramente le dará la atención del potencial al nuevo cliente. Esto es algo que quizá deba pedir que su cliente satisfecho haga por usted, pero a muchos no les importará si están verdaderamente satisfechos. Pregúnteles a sus clientes si conocen a alguien más que podría utilizar su producto o servicio. Luego pregúntales si puede decir que ellos le recomendaron contactar al cliente potencial. En síntesis, no pase por alto lo que es potencialmente su recurso de mercadeo más efectivo: sus clientes actuales.

Hay algunas reglas básicas que deberá seguir si va a utilizar recomendaciones o patrocino y respaldo.

#1 Asegúrese de que la persona cuya recomendación utiliza, tenga buena reputación. Aunque alguien sea un cliente satisfecho, esto no significa que se lo respete. Hay asociaciones que podrían ser perjudiciales.

#2 Nunca utilice el nombre de alguien como respaldo o recomendación si no ha aclarado esto previamente con la persona en cuestión. Podría perder un buen cliente.

Honre a sus embajadores

Otro de los principios básicos para el éxito en el mercadeo es que la efectividad de su equipo de mercadeo deberá estar directamente relacionada con la cantidad de estima y recompensa que se les otorgue. Los vendedores son por lo general profesionales criticados y hasta objeto de burlas de parte de sus propias compañías. Sin embargo, pueden ser la razón más importante del éxito o el fracaso de su empresa.

El vendedor es un *embajador*. Solo los gobiernos tontos y retrógrados enviarían a un embajador que no estiman o no respetan. Del mismo modo en que un embajador habla por su gobierno, el vendedor habla por su compañía. Él *es* la compañía ante los ojos de la persona con quien habla. Él *es* la impresión que se llevarán los clientes potenciales.

La habilidad esencial

La relación con otros seres humanos puede ser la tarea más difícil que tengamos que cumplir. Desde el momento en que hubo solo dos hermanos en la Tierra, Caín y Abel, no supieron llevarse bien. La habilidad de conocer a otra persona, ganar su confianza y venderle un producto, no es tarea fácil. La posición de vendedor en su empresa deberá ser tenida en la más alta estima, si busca usted embajadores de la mejor calidad.

La estima se mide por la atención que el jefe le presta al vendedor. Si el jefe es un verdadero líder, le dará la mayor parte de su tiempo a los que son más importantes. La atención puede ser más efectiva para motivar a una fuerza de ventas, que cualquier aumento o comisión. Los buenos vendedores por lo general reciben buena paga; no necesitan el dinero tanto como el respeto. Si tienen su respeto, le devolverán con creces la estima que reciben.

También es más importante que un vendedor crea en el producto, antes que tenga una personalidad atractiva. Conocer el producto es esencial si uno debe creer en él. Cuando más conozca el vendedor acerca del producto, tanto más confiado se sentirá al promocionarlo. El conocimiento es una herramienta muy importante para el profesional de mercadeo. La inversión que hagamos en la capacitación del equipo de mercadeo, por lo general dará grandes dividendos.

El comienzo adecuado

La vestimenta adecuada también es esencial en los profesionales de mercadeo. La primera impresión que tendrán los clientes será la vestimenta que lleve el vendedor. Si vendemos nuestro producto a profesionales o empresarios exitosos, de seguro nos juzgarán por nuestro aspecto. Siempre será más adecuado vestir de modo conservador. Uno no ofenderá a nadie si se viste de modo conservador, pero sí si lleva ropa demasiado llamativa o informal. Puede compensarse la extrema elegancia, pero no la desprolijidad. Es más fácil quitarse el saco o aflojarse la corbata para verse más informal, que ponerse una corbata frente al cliente potencial. La ropa informal puede ser adecuada para vender equipo deportivo, pero siempre será importante verse prolijo.

También un breve curso de buenos modales puede resultar beneficioso. Los buenos modales no solo dan siempre una buena impresión, sino que, además, nos permiten impartir una sensación de confianza, algo esencial para todo profesional de ventas.

Es importante aprender a escuchar y no solo a hablar bien cuando se trata de vender. Hay pocas cosas que harán espantar a un ejecutivo, más que el vendedor que ni siquiera los escucha cuando quieren decirle algo. Hay que aprender a recordar los nombres o los detalles personales del cliente potencial. Porque si no lo hace demostrará que no ha prestado la debida atención. También demuestra que si el cliente tiene problemas con el producto, tendrá un contacto personal que quizá le ayude a resolverlo.

IBM llegó a ser una de las empresas más grandes del mundo. Tenía el producto indicado en el momento indicado, y dominó la industria en el mercado creciente de su época, al punto de que todo otro producto era comparado con IBM. Pero esta le abrió la puerta a la catástrofe cuando olvidó escuchar s sus clientes. Cuando la industria de la computación comenzó a crecer, IBM no pudo aprovechar la oportunidad. Durante años han intentado volver a ocupar la posición que tenían, pero sus competidores están mucho más adelantados y será difícil alcanzarlos, aunque siempre hay que recordar que es una gran empresa que debemos tener en cuenta.

Características de un buen vendedor

Hace falta una persona muy especial para el éxito en las ventas y la promoción. Hay ciertas características típicas en quienes se ven atraídos a esta profesión. Hay puntos fuertes y débiles. Si conocemos estas características podremos acentuar los puntos fuertes, vencer los puntos débiles y ayudar a quienes se relacionan con los clientes a que lo hagan con mayor efectividad. La siguiente lista de características presenta generalizaciones, que no siempre se aplicarán a todos los vendedores.

Positivo (+): *Disfrutan de la vida.* Los buenos profesionales de mercadeo por lo general tienen una buena perspectiva sobre el motivo por el que hacen su trabajo. Es contagiosa su curiosidad y su interés general en la vida, y esto puede ayudar a levantar el ánimo de los demás. Suelen ser amigables, y disfrutan estar con otras personas. Serán rápidos para detectar la necesidad de otros y ayudarlos. Pueden levantar la moral, aún en las circunstancias más difíciles, porque se les ocurre alguna broma que alivia la presión y a menudo contribuye a ver la situación desde otra perspectiva. La gente los busca y son la vida de la fiesta. Pueden hacer que los demás se sientan cómodos en su trabajo, lo cual tiene un impacto importante sobre la productividad.

Negativo (–): *Se distraen con facilidad.* Suelen desperdiciar demasiado tiempo propio y de los demás hablando o jugando. Como disfrutan tanto de la vida, una vez que la alegría termina, también ellos se van. Pueden comprometerse rápidamente con otras emociones, así como con la alegría. Se enamoran rápidamente, pero también se divorcian con celeridad. Pueden dejar un rastro de personas desilusionadas, relaciones quebradas y enemigos enojados. Porque se alimentan de emociones negativas, quizá rehuyan a los problemas y no sean capaces de resolver disputas en las que haya enfrentamiento.

Remedio: *Necesitan trabajar con gente disciplinada y decidida en su liderazgo y estilo de vida.* Si pueden mantener la atención, serán los empleados más productivos. Habrá que desafiar su compromiso presentándoles problemas y dificultades potenciales. Hay que darles tiempo para pensar en el compromiso que se les ofrece, antes de que lo acepten.

Positivo (+): *Optimistas.* Rápidamente ven el potencial allí donde otros ven solo problemas. Ven la oportunidad e iniciarán emprendimientos rentables que otros ni siquiera notan.

Negativo (–): *Suelen ser emocionales.* A menudo se dejan llevar por la emoción y llegan al quiebre. Porque son a menudo demasiado optimistas, se desilusionan con la misma frecuencia. Porque tienden a no ver los problemas, y cuando finalmente les llama la atención uno de ellos, les impacta más que a otros. Sus "bajas" son tan extremas como sus "altas". Esto también suele hacerlos propensos a las adicciones. Pueden tener problemas financieros, porque compran por impulso y toman demasiados compromisos cuando su emoción está en el punto más alto, pero evitan pagar las cuentas porque emocionalmente los derrumba.

Remedio: *Lo mismo que en el punto anterior.* Necesitan ser entrenados por alguien que sea disciplinado y guiado por la razón, en lugar de la emoción.

Positivo (+): *Tienen mucha energía.* Por lo general trabajan duro durante muchas horas, y enseguida se presentan como voluntarios para resolver tareas difíciles, lo cual estimula a otros.

Negativo (–): *Tienden a dejar las tareas antes de terminarlas.* Se ofrecen tan rápidamente para comenzar algo, que a menudo se sobrecargan con proyectos que no pueden terminar. Son totalmente sinceros cuando se comprometen, y tienen toda la intención de cumplir, pero como se dejan llevar por la emoción, cuando termina la novedad suelen perder el interés y se distraen fácilmente. Pueden caer en la desilusión porque quieren hacer tantas cosas que no pueden decidir qué hacer. Por lo general son rápidos para comenzar, pero lentos para terminar.

Remedio: *Necesitan un rígido sistema de responsabilidades y deben aprender a decir no.* Necesitan liderazgo y gerenciamiento fuertes. No hay que esperar que cumplan todas sus promesas, para no desilusionarse. Hay que hacerlos responsables de los líos que causan, especialmente en el área de las relaciones humanas.

Después de leer todo esto, quizá se pregunte usted si quienes tienen ese temperamento valen el esfuerzo. Sí que lo valen, y pueden llegar a ser las personas más valiosas, si uno los comprende y aprende a trabajar con ellos para utilizar sus puntos fuertes y corregir sus debilidades. Pueden llevar a su empresa a niveles que jamás habría logrado otra persona, pero quizá no logren mantenerla allí.

La Biblia no tiene igual en cuanto a su expresión del carácter y la disposición humana. Pablo es uno de los ejemplos más grandes de quienes tienen el temperamento de sentirse atraídos por la profesión del mercadeo. Pedro fue el primero en proclamar la buena nueva de Cristo, pero también fue el primero en desertar cuando hubo problemas.

Pedro no desertó porque era cobarde; la noche antes de negar a Jesús había ido a la carga contra un grupo de oficiales romanos, *sin ayuda*. ¡Eran ochocientos romanos! Este tipo de personalidad suele desilusionarse, pero no es cobarde.

Fue Pedro quien caminó sobre el agua, pero una vez allí, también fue quien se hundió. A menudo se sienten alentados demasiado rápido, y también se desalientan demasiado rápido. Pero enseguida se recuperan. Unas pocas semanas antes de su mayor fracaso, Pedro predicó su mejor sermón. Se le habían dado las llaves para abrir la puerta, porque las usaría. Si se le confía a este tipo de persona un trabajo, no fallarán en producir un buen inicio. Pedro pudo iniciar la iglesia, pero fue Pablo quien la estableció y le dio persistencia y continuidad. Este tipo de personalidad puede llegar a ser un excelente líder, pero no un buen gerente. No espere de ellos más de lo que debe, y sus profesionales de mercadeo demostrarán ser las personas más valiosas en su empresa.

Distribución

Las promociones más efectivas pueden verse contrarrestadas por un sistema de distribución poco eficiente. La excitación por un nuevo producto desaparece rápidamente si no es fácil adquirirlo. La modernización ha afectado al mundo con la adicción a la comodidad. Una parte importante del éxito de una empresa se verá determinada por cuán convenientemente pueda adquirirse el producto. El sistema de distribución debe estar tan bien organizado como las promociones.

Relaciono la promoción con la distribución, porque tienen un impacto mutuo muy importante. ¿A quién atraerá su producto? Si atrae a un gran espectro de consumidores, quizá haya que hacer promociones en la radio, y venderlo por medio de grandes tiendas como Wal Mart. Pero si el producto solo apelará a los más ricos, quizá quiera promocionarlo solo en una emisora de música clásica, y distribuirlo en tiendas más selectas y especializadas. La estrategia de promoción debe funcionar en armonía con la estrategia de distribución.

A causa de la comodidad, el correo se ha convertido en un método de distribución muy popular. Cuando un consumidor piensa en el valor de su tiempo, el costo del envío suele ser menor al de la compra. Almacenar el producto en una tienda será solo un método de promoción. Cada vez que alguien entre y lo vea, su producto se estará promocionado. Si se distribuye por correo, habrá que buscar otros métodos efectivos de promoción para llamar la atención de los consumidores potenciales.

El mercadeo más efectivo combina la promoción con la distribución. Si se las toma en cuenta juntas, tendremos mayor tendencia a mantener el equilibro. No hay que olvidar que la mejor promoción puede ser derrotada por una mala distribución. En cierto sentido, son la combinación del liderazgo (promoción) y el gerenciamiento (distribución). Ambas son necesarias, y deben funcionar juntas.

Capítulo diecinueve

Los recursos

odemos tener un gran producto, excelente administración, mercadeo y manejo del tiempo perfecto, pero si los recursos faltan, nuestra empresa estará destinada a fracasar. Los recursos incluyen el capital y los materiales que el emprendimiento necesita.

El capital es esencial para cualquier emprendimiento. No iremos a ninguna parte sin algo de capital, y tampoco llegaremos demasiado lejos si el capital es escaso. La falta de capitalización adecuada es la razón número uno del fracaso de los negocios en los Estados Unidos. Obviamente, hay mucho capital en los EE.UU., pero la clave está en saber cómo acceder a él.

También debemos pensar que algunas de las formas más sencillas de obtener capital para iniciar un negocio, pueden ser la semilla de nuestra destrucción. Todo negocio tiene como propósito ganar dinero. Sin embargo, hay muchas personas que tienen negocios y no entienden nada acerca del dinero. Si es un empresario típico, es este el problema número uno. No importa de qué tipo de emprendimiento se trate, los recursos serán probablemente nuestra mayor preocupación. En este capítulo ofreceremos un plan razonable y de fácil aplicación para cambiar esto. Si seguimos este plan, podemos hacer que el gran problema sea una preocupación menor, lo cual hará que dirijamos nuestra energía hacia áreas que ofrecerán resultados mejores y más duraderos.

La vida está en la sangre

Nuestros recursos de capital son la sangre de nuestra empresa. Si estamos anémicos de capital, todas las otras áreas también se debilitarán. Si la circulación no es buena, podemos sufrir un ataque al corazón. Si recibimos una mala transfusión, podemos morir.

Hay que cuidar la condición del capital, del mismo modo en que cuidamos nuestro sistema circulatorio. No debemos iniciar nuestros negocios hasta haber asegurado una buena provisión y un plan adecuado para mantener la circulación. Tampoco debemos planificar sobre la base optimista de una circulación ideal. Hay áreas de los negocios en las que hay que tener optimismo, pero esa no es una de ellas.

Profesionales útiles

Los banqueros pueden ayudarnos a trazar un plan para nuestro emprendimiento, pero debemos comprender que los banqueros no saben mucho de negocios. No se dedicarían a ser banqueros si entendieran de negocios. Lo que sí entienden, y es esencial para nuestro negocios, es cómo mantener la circulación de capital. Sin embargo, no debemos permitir que sean los banqueros quienes manejen nuestro negocio.

Los contadores pueden ser de gran ayuda para trazar un plan financiero sólido, pero debemos saber que hay pocos contadores que verdaderamente saben de negocios. Sí entienden qué es lo crucial, y en esencia, ayudarán a monitorear la salud, la circulación sanguínea de nuestro emprendimiento. Sin embargo, tampoco debemos permitir que el contador sea quien maneje nuestro negocio.

Del mismo modo, hay pocos abogados que saben de negocios. Sí saben cosas esenciales para el negocio. Pero no debemos permitir que nuestro abogado maneje nuestro negocio.

Todos estos profesionales son como los médicos: pueden efectuar controles periódicos del negocio y ayudarnos a mantenernos en el camino de la salud. Debemos escucharlos pero no permitir que manejen nuestra vida. Como observamos antes, algunos de estos profesionales sí entenderán de negocios, pero son muy pocos.

Si los profesionales a los que acude son tradicionales en su profesión, tenderán a ser conservadores y como empresario usted se sentirá irritado. Hay un proverbio que dice: "El golpe de un amigo es mejor que el beso de un enemigo". La mayoría de las reuniones con nuestro banquero o contador serán un golpe para nuestros planes y nuestro ego, pero provienen de un amigo que quizá nos salve de la derrota.

Si somos tan conservadores como estos profesionales, probablemente ni siquiera seamos los líderes de nuestro negocio, y tampoco conseguiremos demasiado éxito siendo demasiado conservadores. El gran progreso casi nunca se logra sin entrar en las profundas aguas del *riesgo*. No debemos permitir que nuestros consejeros profesionales nos impidan ir donde queremos para poder progresar. Pero si los escuchamos, al menos nos mantendrán alertas acerca de las trampas y los peligros que quizá no veamos. Para poder navegar estas aguas, necesitamos conocer los peligros.

Errores comunes

No es posible estudiar la capitalización en profundidad en este capítulo, pero sí podemos destacar algunos de los errores más comunes, o las oportunidades que con más frecuencia se pierden, en relación con este área esencial de nuestro emprendimiento.

El primer error de muchos es no estudiar ni entender los Principios Generales de la Contabilidad (PGC). "Contabilidad" significa simplemente eso: la capacidad de contar nuestros recursos. Si no podemos contarlos ni hacernos responsables por ellos, tendremos hemorragias. Y así como una persona puede morir desangrada, también una empresa puede llegar a su fin a causa de las pérdidas.

La utilización de los PGC nos llevará a fortalecer la organización. Nos dará una nueva visión de estrategias y posibilidades de gerenciamiento. Los PGC pueden ayudarnos a planificar y organizar. Al utilizarlos le tomaremos el pulso continuamente a nuestro negocio, nos mantendremos alerta ante los problemas y podremos movernos rápidamente para aprovechar las oportunidades.

El remedio para este problema común es estudiar y conocer los PGC antes de iniciar nuestro negocio, y disciplinarnos para seguir aumentando nuestro conocimiento de ellos. Muchos empresarios suelen concentrarse en el concepto, ser visionarios y olvidar los detalles, porque los aburren. Se requiere disciplina para estudiar los aspectos contables, pero necesitamos desesperadamente esta disciplina y el conocimiento que de ellos deriva.

Probablemente, el segundo error más común e importante que cometen los empresarios es la dependencia en la deuda de capitalización. Si tomamos dinero prestado para capitalizarnos, al diez por ciento de interés, debemos ganar un diez por ciento extra solo para poder pagar el interés. La deuda es muchas veces la única alternativa, pero debiera considerarse como la última, a menos que la tasa de interés sea realmente baja.

Remedio: en situación ideal, debemos buscar como objetivo estar libres de deudas. Al iniciar nuestro negocio, pensemos en otras formas de capitalización, como la venta de acciones, la sociedad de responsabilidad limitada, etc. Todas tienen ventajas y desventajas, pero los inconvenientes suelen ser menos graves que la deuda.

Si debemos endeudarnos para iniciar nuestro negocio, hagamos que nuestro primer objetivo sea saldar la deuda en un plazo preestablecido. De otro modo, nos volveremos adictos a lo que puede llegar a ser una droga muy peligrosa.

Para saldar nuestra deuda lo antes posible, debemos tener reservas para casos de emergencias, "capital de riesgo". ¿Cómo lograrlo? Se requerirá inteligencia, disciplina, decisión y coraje. La velocidad no es tan importante como la constancia, así que debemos ser realistas al establecer el plazo. Aquí presentamos un plan sencillo y breve para saldar las deudas.

Paso 1: No tomar más dinero prestado. Pagar la deuda existente. La tentación de seguir tomando prestado debe verse como más de lo mismo. Quizá podamos manejar una deuda más, pero luego seguiremos el ciclo interminablemente. Y esta adicción puede destruir nuestro emprendimiento. Quizá pensemos que este es el modo en que todo el mundo hoy maneja su negocio, y es cierto que muchos empresarios son adictos a los préstamos. Hoy muchos son esclavos de los pocos que tuvieron la inteligencia de ser los proveedores del dinero. Si vamos a iniciar nuestro negocio, no caigamos en esta esclavitud. Y si somos esclavos hoy, ¡liberémonos lo antes posible!

Paso 2: Construyamos nuestras reservas. Destinemos el uno por ciento de nuestro ingreso bruto a un fondo de emergencias, que no deberá tocarse, a menos que estemos en cesación de pagos. Después de que tengamos suficientes reservas como para cubrir nuestro presupuesto durante los próximos tres a seis meses, agreguemos este uno por ciento al fondo general de reservas.

El dos por ciento de nuestro ingreso bruto debe destinarse a un fondo general de reservas, que no deberá utilizarse a menos que la necesidad sea definida y grave. Cuando esta cuenta tenga fondos suficientes como para cubrir todos los gastos durante los próximos seis a doce meses, este tres por ciento (uno por ciento del fondo de emergencias) y comencemos a formar un fondo que nos permita aprovechar oportunidades sin tener que recurrir a préstamos.

Casi todas las empresas, iglesias, obras de caridad y familias podrán funcionar con el noventa y siete por ciento de sus ingresos sin siquiera necesitar el tres por ciento destinado a las reservas. Si no se logra esto, es que se vive demasiado cerca del abismo de la catástrofe financiera. Estas reservas ayudan a no tener que tomar dinero prestado súbitamente, lo cual por lo general implica tasas de interés demasiado altas, y pone mucha presión sobre el corazón de nuestro emprendimiento.

Paso 3: Aprendamos a vivir con menos. Tengamos un objetivo anual de agregar un dos por ciento adicional a nuestras reservas. En solo cinco años, casi sin esfuerzo habremos aprendido a vivir con menos del noventa por ciento de nuestros ingresos. Si es posible, hagámoslo antes, pero es la *persistencia en el tiempo la que hará que gocemos de salud financiera*.

Paso 4: Aprendamos a manejar nuestros activos de manera adecuada. Utilicemos el valor histórico del dinero para ventaja propia, y no para la del banco. Tomemos un caso hipotético de lo que se puede hacer con la cuenta de reservas de una empresa pequeña que tiene un ingreso bruto de solo cien mil dólares al año, y utiliza el principio conservador de apartar solo un tres por ciento, o tres mil dólares al año.

La escala que figura debajo nos muestra el valor de ese pequeño depósito con diversas tasas de interés. Si nuestro ingreso bruto es de doscientos mil dólares, podemos calcular el doble, y si es de un millón de dólares, diez veces esa cantidad.

	10%	12%	14%	16%
10 años	$54.642	$62.211	$71.055	$81.405
	(inversión total $ 30.000)			
15 años	$111.252	$136.221	$167.892	$208.402
	(inversión total $ 45.000)			
20 años	$205.227	$272.193	$364.773	$493.509
	(inversión total $ 60.000)			
30 años	$620.232	$1.088.925	$1.578.915	$2.579.802
	(inversión total $ 90.000)			
40 años	$1.763.943	$3.373.062	$6.597.783	$13.141.674
	(inversión total $ 120.000)			

Nota: las cifras no toman en cuenta el efecto de impuestos u otros costos.

Estas cifras pueden parecer muy exageradas a quien no comprende el valor histórico del dinero, o el efecto que pueden tener unos puntos de porcentaje sobre el retorno con interés compuesto. Los banqueros saben esto muy bien, y es por eso que por lo general son los que tienen los edificios más grandes en cada ciudad. Durante cuarenta años, un dos por ciento de diferencia en la tasa de interés compuesto puede llegar a significar una diferencia de un cien por cien en el retorno total. La diferencia entre un catorce por ciento y un dieciséis por ciento en este ejemplo, es de $ 6.543.891, o sea cien por cien.

La habilidad de invertir

La capacidad de inversión de nuestros recursos de manera adecuada probablemente tenga tanto que ver, o tanto valor como nuestra habilidad para hacer dinero. Muchas de las personas que son buenas para hacer dinero, no son buenas para invertirlo.

Si tiene uno un CD (Certificado de Depósito), después de ver el ejemplo de la tabla quizá se pregunte dónde puede obtener un retorno del dieciséis por ciento sobre su dinero, y estar a salvo. Hay cantidad de vehículos de inversión de buena calidad, y seguros –como algunos fondos mutuos– cuyo promedio es igual o aún mejor. La pequeña cantidad de tiempo que toma comprender y comenzar a utilizar estos vehículos de inversión, puede llegar a dar grandes dividendos por ese tiempo, más de lo que ganamos al gerenciar nuestra empresa.

Hay agentes de bolsa profesionales que podrán ayudarnos, pero no hay quien reemplace nuestra propia comprensión de la administración del dinero y su inversión. Si somos buenos para hacer dinero, quizá no tengamos mucho tiempo para administrarlo, y necesitaremos los servicios de un agente. Si utilizamos un agente, aún así debemos poder diferenciar a los buenos de los malos. Y hay muchos malos. El tiempo que utilizamos para aprender todo esto, puede rendir dividendos aún mayores que los que tenemos ahora, y hay una posibilidad de que haga una gran diferencia en nuestra condición financiera.

Es fácil ver cómo la disciplina y la consistencia durante cierto tiempo pueden hacer que una pequeña empresa se autofinancie. Este debiera ser nuestro objetivo final. Cuanto más nos acerquemos, tanto más saludable será nuestra posición financiera. En lugar de pagarle al prestamista la mayor parte de nuestras ganancias, estas podrían entrar en nuestra cuenta y multiplicar el fruto de nuestro trabajo.

¿Dónde estarían las empresas promedio, las iglesias, los ministerios o los gobiernos, si hubieran apartado suficientes reservas como para financiar su propio crecimiento? De hecho, la iglesia promedio en los Estados Unidos, que tiene ya unos cuarenta años de existencia, quizá nunca tuviera que ir al banco para financiar su crecimiento, y probablemente pudiera financiar el inicio de nuevas iglesias y ministerios. La mayoría de los gobiernos, ya en funciones durante mucho más tiempo, jamás tendrían que pensar en emitir bonos o tomar dinero prestado, y estarían en posición de dar mejores incentivos a sus industrias y negocios.

El tiempo vale oro

Si una pareja de jóvenes se casa a los veinticinco años y comienza inmediatamente a destinar fondos, digamos cuatro mil dólares al año –dos mil cada uno– para cuando cumplieran sesenta y cinco años, tendrían unos dos millones de dólares. Sería un diez por ciento de retorno anual por su inversión. Pero si son un poco más agresivos y obtuvieran un catorce por ciento, tendrían casi nueve millones de dólares. Si obtuvieran un dieciséis por ciento, tendrían más de diecisiete millones, lo cual representa quince millones más de lo que tendrían con un diez por ciento de retorno.

Debiera ser el objetivo de cada familia lograr vivir con menos del setenta y cinco por ciento de su ingreso neto. Si su familia gana cuarenta mil dólares al año, vivan como si ganaran treinta mil. Aproveche algún aumento o promoción sin elevar su estilo de vida durante unos años. Si mantienen la disciplina y la resolución de hacer esto, pronto podrán llegar a un estilo de vida más alto sin mantenerse al filo del desastre financiero.

La familia promedio paga interés por los préstamos, igual a muchas veces lo que terminan teniendo en su fondo de reserva para su retiro. Con un poco de organización, disciplina y restricciones que luego pueden revertirse, podrán tener muchas veces la cantidad que ahorran mientras pagan intereses a los bancos o a otros prestamistas. Otra vez, la deuda debe ser tenida en cuenta como una adicción fatal.

Sabiduría con la deuda

Ahora, es verdad que son pocos los negocios que pueden iniciarse sin algo de deuda. Si quiere uno jugar al juego de la empresa, seguramente que tendrá que endeudarse. Pero es importante ver toda deuda como algo malo, y utilizarla solo cuando sea absolutamente necesario, comprendiendo el proverbio bíblico: *"El rico se enseñorea de los pobres, y el que toma prestado es siervo del que presta"* (Proverbios 22:7). Nuestro objetivo debe ser siempre librarnos de la esclavitud tan pronto podamos, lo cual significa saldar la deuda y no volver a contraer ninguna.

Hay deudas que son necesarias, como una hipoteca en una zona donde haya perspectivas de aumento del valor de la propiedad. A veces los pagos de la hipoteca son lo que uno tendría que pagar para alquilar una propiedad, así que ¿por qué no comprarla? También puede resultar interesante en el aspecto impositivo. La ventaja impositiva, sin embargo, no tiene que ser el objetivo principal, ni el premio. Las ventajas impositivas pueden cambiar.

Aún con ventajas impositivas, si compra uno una propiedad en un mercado con precios altos que luego se devalúan, la hipoteca puede ser una mala inversión. Por supuesto, hay otros factores en las inversiones inmobiliarias, como la necesidad de contar con la propiedad, o simplemente estar dispuesto a perder algo de dinero en ella porque nos gusta mucho. Bajo ciertas condiciones económicas, la propiedad inmobiliaria puede ser un buen colchón contra la inflación. Sin embargo, siempre será sabio saldar la deuda lo antes posible.

La forma más riesgosa de deuda es la de especulación. Si tenemos un vehículo de inversión que nos da continuamente un veinte por ciento de retorno, sería interesante tomar prestado al ocho por ciento para poder invertir, ya que quedará un retorno del doce por ciento por el dinero que tomamos prestado. Por supuesto, la suma de la deuda asumida por este propósito debe equilibrarse con la mayor seguridad y liquidez del vehículo de inversión. Debiera ser nuestro objetivo saldar la deuda con las ganancias, lo antes posible.

Inversión contraria

La estrategia más básica y exitosa de inversión es comprar a precio bajo y vender a precio alto. Para el inversor a largo plazo, esto significa hacer lo contrario de lo que hace la multitud; hay que comprar lo que no está en favor en ese momento, y venderlo cuando sí lo esté, para que muchos lo compren. Si compramos una mercadería cíclica, compraremos cuando vale poco y la venderemos cuando valga mucho.

La mayoría de los periódicos muestran los altibajos en precios de acciones durante las cincuenta y dos semanas del año. Algunos de los inversores más exitosos simplemente buscan acciones de calidad, que estén cerca de su valor histórico más bajo. Luego esperan hasta que lleguen al valor histórico más alto para venderlas. Hay acciones que pueden fluctuar hasta un cincuenta por ciento o más entre estos altibajos. Algunos llegarán a su precio más bajo o más alto, varias veces al año. Si uno compra en baja y vende en alta, con una diferencia de veinticinco por ciento cuatro veces al año, habrá doblado su inversión. Si esto sucede solo una vez, habrá ganado un veinticinco por ciento, lo cual no es mala inversión.

Por supuesto, toda inversión implica riesgos y, por lo general, cuanto mayor sea el potencial de retorno, tanto mayor el riesgo. No es sabio invertir dinero que no podemos perder. Quienes son impacientes y están dispuestos a perder durante un tiempo, no debieran jugar este juego. Pueden comprarse acciones a precio bajo, pero este puede bajar aún más. Por eso conviene estudiar cada empresa en la que pensamos invertir, para ver las tendencias de sus precios y compararlas con los años anteriores. Aquí, la estrategia de inversión nos será de utilidad.

Promedio de costo

La estrategia de inversión conocida como "promedio de costo" puede ser muy efectiva si invertimos a largo plazo. Esta estrategia requiere que se invierta la misma cantidad de dinero en un vehículo de inversión determinado, con intervalos regulares. Tomemos un ejemplo exagerado para ilustrar el efecto de esta estrategia simple, pero relativamente efectiva y segura.

Digamos que invertimos cien dólares por mes en una empresa cuyas acciones se venden a diez dólares por acción cuando comenzamos, pero cuyo valor cae un dólar por acción cada mes, hasta que pierden el noventa por ciento de su valor. Luego, se mantienen sin cambios durante seis meses, hasta volver a subir un dólar al mes y recuperan la mitad de su valor original. Como muestra la ilustración que sigue, lo que parece ser una pérdida resulta ser un retorno del ciento cuarenta y dos por ciento sobre nuestra inversión, si somos fieles a la estrategia del "promedio de costo".

Este ejemplo tiene por objeto mostrar el efecto del "costo promedio". Y debiera ser tomado en cuenta el hecho de que nunca será tan coherente el patrón de altibajos, como lo presentamos aquí. También hay que tomar en cuenta que no hay garantías de retorno para ninguna inversión.

Sin embargo, para inversiones de largo plazo con esta estrategia, querrá que el precio caiga mientras compra, porque así podrá comprar más acciones o unidades por el mismo dinero. Esto hará que tenga pérdidas durante un período, pero en realidad no querrá que comiencen a subir de precio hasta estar dispuesto a vender. La clave de esta estrategia es la persistencia y la paciencia. Utilicé meses en este ejemplo, pero podrían usarse días, semanas o años, o el tiempo que considere usted mientras esté dispuesto a mantener constante el monto a invertir.

Los recursos

Mes	Costo	acciones compradas	acciones en nuestro poder	total invertido	valor de inversión	Ganancia (pérdida)	
1	$10	10	10	100	100	0	
2	9	11	21	200	190	(10)	-5%
3	8	13	34	300	272	(28)	-9 %
4	7	14	38	400	336	(64)	-16%
5	6	17	65	500	390	(110)	-22%
6	5	20	85	600	425	(175)	-29%
7	4	25	110	700	440	(260)	-37%
8	3	33	143	800	429	(371)	-46%
9	2	50	193	900	386	(514)	-57%
10	1	100	293	2000	293	(707)	-70%
11	1	100	293	1100	393	(707)	-64%
12	1	100	493	1200	493	(707)	-59%
13	1	100	593	1300	593	(707)	-54%
14	1	100	693	1400	693	(707)	-51%
15	1	100	793	1500	793	(707)	-47%
16	2	50	843	1600	1686	86	+5%
17	3	33	876	1700	2628	928	+54%
18	4	25	901	1800	3604	1804	+100%
19	5	20	921	1900	4606	2705	+142%

(Las fracciones y centavos se redondearon.)

Con este ejemplo viene la tentación de esperar que el vehículo de inversión decaiga antes de comprar acciones. Esto es casi imposible, hasta para el inversor más astuto. El piso podría producirse en cualquier momento durante el ascenso, o aún el descenso o la cima. El "costo promedio" le ayuda a utilizar promedios para ganar, en lugar de los altibajos de la inversión.

Obviamente, para aprovechar una inversión que está en baja, debemos contar con el capital y la decisión de continuar hasta que se produzca un giro positivo. Se requiere coraje para esto, y no es lo indicado para cualquier tipo de persona. También se recomienda utilizar únicamente el "capital de riesgo" para esta estrategia.

Advertencias y oportunidades

Hay algunos signos de que nuestra economía puede estar en riesgo grave. Aunque los EE.UU. tienen la economía más fuerte y sana del mundo, la economía mundial está inestable, y pueden sobrevenir algunos terremotos. En cierto modo, la salud es como la energía, que no se destruye, sino que se transforma. Del mismo modo, cuando hay un colapso económico como la Gran Depresión, la riqueza no se destruye: cambia de manos. Las manos a las que llega son las que están preparadas para recibirla.

Quienes están en posición de aprovechar un colapso económico son los que salen de la deuda con una fuerte base de activos. El manejo del tiempo en dichos colapsos y caídas es difícil de predecir, pero siempre habrá correcciones y problemas, de tanto en tanto.

El otro lado de la deuda

Del otro lado de la reducción de nuestra deuda, para lograr una posición de capital más saludable, está la reducción de la deuda que otros tienen con nosotros: las Obligaciones a Cobrar. Muchos negocios que logran desarrollar un buen producto y efectivamente lo ubican en el mercado, fallan porque extienden crédito con demasiada facilidad y nunca logran cobrar lo que se les debe. Quienes utilizan su dinero como capital de trabajo. Y nuestro negocio tendrá que pagar intereses al banco por el mismo monto de capital operativo, por lo que quienes nos deben se libran de hacerlo. Si le pagamos al banco diez por ciento de interés por un préstamo de capital de trabajo, y pudiéramos ganar diez por ciento por ese dinero invertido adecuadamente, hay una diferencia de veinte por ciento en nuestro flujo de capital. Recordemos cuánto representan unos pocos puntos de interés a lo largo del tiempo.

La mejor política de crédito está escrita en los billetes de dólar: "En Dios confiamos..." ¡por el dinero de los demás! Por supuesto, esta política no será factible siempre. A menudo, nuestros mejores clientes insisten en que les demos crédito. Hay muchos factores a tomar en cuenta, pero nuestro objetivo debería ser el de mantenernos lo más cerca posible al cero, en nuestras Obligaciones a Cobrar. Para ello será necesario organizarse y ser constantes.

Cobranzas positivas

Hay incentivos y negativos que podemos utilizar para lograr cobrar lo pendiente y mantener bajo el nivel de obligaciones a cobrar.

Los incentivos positivos harán que sus clientes estén contentos; los negativos harán que se enojen, pero ambos pueden funcionar. Como no queremos hacer enojar a los buenos clientes, posiblemente queramos utilizar los incentivos positivos primero.

Uno de los incentivos positivos será un descuento por prepago, con un descuento menor por pago rápido. Ambos métodos han probado su efectividad. Una de las maneras efectivas en que podemos hacer que nuestros clientes recuerden esta opción, es imprimir dos totales en la factura: el menor, si se paga en una fecha determinada, y otro si se paga más tarde.

También podemos ofrecer respeto como incentivo. Envíe a los clientes que pagan a tiempo una carta de reconocimiento de "Crédito de Oro" por su pronto pago. Envíe a los que están en el siguiente nivel de cumplimiento, una carta de "Crédito de Plata", agradeciendo su compromiso y anunciando con tacto que también hay una categoría de "Oro". Que todos sus clientes sepan que tiene usted este sistema. Puede sonar fácil, pero sí funciona. Los buenos comerciantes son personas orientadas al éxito, competitivas, que quieren obtener el mejor concepto posible. Si no hay recompensas ni penalidades, también serán lo suficientemente astutos como para utilizar el dinero suyo el mayor tiempo posible.

Cobranzas negativas

Hay un punto en el que decidiremos que los incentivos positivos no funcionan con determinado cliente. Habrá que ser gradualmente más negativo para recuperar lo que nos deben. La mayoría de los negocios agregan un uno punto cinco por ciento automáticamente a las facturas después de los primeros treinta días, y por cada treinta días adicionales de atraso en el pago. En la factura pueden agregarse leyendas tales como "VENCIDA". Y una llamada telefónica siempre conseguirá una respuesta.

Después de haber probado con estos métodos, si no logramos que nos paguen podemos recurrir a agentes de cobranzas, abogados, oficinas especializadas, etc. Sin embargo, cuanto más extremas sean las medidas que se requieran para cobrar, tanto más probable será que perdamos ese cliente. Debemos decidir si el cliente es indeseable o no. El que nos compra mucho, nos perjudicará más si no nos paga.

El crédito que extendamos con nuestro negocio debe ser sistemático, consistente y muy planificado. Si uno deja de cobrar los intereses, no serán efectivos y perderemos el respeto del cliente. Si el crédito que estamos dispuestos a extender es el punto de ventas principal para un cliente potencial, probablemente no necesitemos a ese cliente.

Es casi siempre mejor hacer que la calidad y el valor sean la razón por la que conseguimos clientes, y no el crédito. A menos que nuestro negocio sea justamente ese, el de prestar dinero. Hay ciertas grandes corporaciones que simplemente exigen que se les otorguen plazos de pago más extendidos para comprar nuestro producto, y es posible que valga la pena acceder. Deberemos ser lo suficientemente flexibles, pero no podemos dejar de manejar eficientemente nuestras cobranzas, porque nuestro negocio se verá afectado de diversos modos, y ninguno de ellos será bueno.

Resumen

Hay muchas otras estrategias exitosas y fáciles para invertir el dinero. Si deseamos construir reservas, necesitaremos un plan para administrarlas. Si ponemos dinero en el banco, nada más, podríamos perder el verdadero valor del dinero a causa de la inflación, aunque esta no sea alta.

No importa lo buenos que seamos para lograr que nuestro negocio crezca, o para hacer dinero. Si no manejamos nuestros activos de manera adecuada, terminaremos con solo una fracción de lo que teníamos. Esto no pretende ser un estudio a fondo del manejo de activos, sino un aliento para que nuestros lectores estudien el tema en profundidad. Las pocas horas que pase usted aprendiendo sobre la administración de activos, le rendirán quizá mayores dividendos que cualquier otra cosa relativa a su negocio, a la que dedique el mismo tiempo.

En casi toda empresa habrá oportunidades que no pueden esperar a que seamos lo suficientemente fuertes en nuestras finanzas como para autofinanciarnos. En estos casos, endeudarse puede ser una opción viable. Pero aún así, puede no ser la única opción, y no conviene considerarla como la primera.

La mayoría de las empresas exitosas se han construido sobre sociedades en las que el capital proviene de la venta de acciones, de la participación de diversos socios, etc., en lugar de provenir de la deuda. Al igual que la deuda, estas formas de capitalización tienen aspectos positivos y negativos. Muchos empresarios no quieren trabajar en sociedad, son independientes, y prefieren actuar en lugar de debatir. A causa de esto, no desean responder ante otros ni compartir el control de su negocio. Pero ¿no estaremos delegando el control de manera más peligrosa cuando nos endeudamos?

Hay maneras de reunir capital mediante la venta de una porción del negocio, sin perder el control. Mientras podamos mantener más del cincuenta por ciento en nuestras manos, podemos seguir teniendo el cien por cien del control, a menos que nos rindamos a los términos de la oferta. Hay otros modos, como la utilización de otros tipos de acciones para reunir el capital mientras mantenemos el control, pero todo dependerá de la reglamentación local. En algunos países, el control de los organismos oficiales es beneficioso, y en otros no lo es tanto.

En cuanto a responder ante otros, casi todos los tipos de líder reniegan de hacerlo, pero *deben* hacerlo de todos modos. Hay gente cuya comprensión, conocimiento y sabiduría puede ayudar. Aprender a responder ante otros, y escuchar lo que nos dicen –derecho adquirido por quienes nos proporcionan capital– puede ser muy valioso. Rendir cuenta de nuestras acciones puede ayudarnos a entender las razones de ciertas acciones, lo cual nos ayudará a ver otras posibilidades y peligros que para nosotros no eran evidentes.

Si usted decide que compartir la propiedad de su negocio es el mejor modo de reunir capital, habrá diversas maneras de hacerlo. Deberá conocer todas las opciones antes de tomar la decisión. Un abogado y un contador podrán aconsejarlo, y sus consejos valdrán más de lo que representan sus honorarios, por caros que sean estos.

Podrá ser mejor una sociedad, en lugar de vender acciones. ¿Quién querrá compartir la sociedad con usted? Una de sus mejores opciones podría ser un plan que aliente a sus clientes a invertir en su negocio. Esta puede ser una manera de mantener la clientela cautiva. Por supuesto, también puede ser un arma de doble filo, porque ¿querrá usted que quienes tienen voz y voto en la administración de su negocio participen de la decisión del precio de venta? Sus clientes siempre buscarán que el precio sea lo más bajo posible. ¿Tendrán información acabada? Todos estos factores deberán ser tomados en cuenta.

Administrar nuestro capital puede ser tan importante para el éxito de nuestro negocio, como cualquiera de los otros factores. Si no controlamos nuestra capitalización, esta terminará por controlarnos a nosotros.

Capítulo veinte

El manejo del tiempo

El manejo del tiempo es el último de los elementos esenciales que analizaremos. Pero esto no significa que sea el menos importante. Si manejamos el tiempo correctamente, determinaremos la calidad de nuestro producto, la eficiencia de nuestra administración, la efectividad de nuestro mercadeo y la fuerza de nuestra capitalización. En esencia, el manejo del tiempo será uno de los factores más grandes en cuanto al éxito o fracaso de nuestro negocio.

El manejo del tiempo resulta de nuestra capacidad de equilibrar la paciencia con la decisión. La paciencia y la decisión a menudo son conflictivas por naturaleza, pero ambas requieren de la cualidad esencial que solo tienen los verdaderos líderes: el coraje. Sin coraje, será difícil manejar el tiempo. A veces se requerirá tanto coraje para esperar el momento oportuno, como para dar el paso inicial. A veces se requerirá coraje para ir en busca del momento, mientras el resto de la organización parece no estar lista, y pide que se demore un poco más.

El coraje no es la ausencia del miedo; es la capacidad de controlar el miedo. Hay miedos saludables. Es saludable temer a las balas cuando se está en combate. Los héroes, que toman decisiones de acción en la batalla o en otras crisis, por lo general sienten tanto miedo como todos los demás. Pero se sobreponen al miedo para poder actuar. El miedo en medida saludable, puede ayudarnos a entender una situación. Puede ser útil, pero el líder decidido controlará su miedo: no dejará que el miedo lo controle a él. Cuando el miedo comienza a controlarnos distorsiona nuestra evaluación de la situación, y a menudo nos hace actuar de manera equivocada o errar en el manejo del tiempo.

La mojarrita que se convierte en tiburón

T. Boone Pickens es un ejemplo moderno del modo en que el liderazgo puede equilibrar la paciencia y la decisión. Llegó a ser un genio por el modo en que manejó el tiempo en beneficio propio. Pickens, el CEO de la pequeña empresa Mesa Petroleum, sorprendió al mundo corporativo al decir que iba a hacerse cargo del gigante de la industria en ese momento: Cities Service Corporation. Los ejecutivos se reían en las reuniones sociales, se burlaban de la mojarrita que perseguía a la ballena. Pero luego de unas semanas, cambiaron de tono y ¡comenzaron a llamar tiburón a la mojarrita!

Cities Service intentó ganarle la jugada a Pickens, cuando compró Mesa, pero Pickens siguió su curso. La mojarrita no podía comerse la ballena entera, pero logró sacar más de lo que nadie pensaba. La mojarrita convertida en tiburón se dirigió luego hacia otras ballenas más grandes, como Phillips y Gulf. Ahora ya nadie reía. La audacia y el coraje de Pickens y su puñado de *cowboys* hicieron que la industria petrolera mundial se reestructurara. Esta reestructuración no fue del todo positiva, pero probablemente esencial para que la industria sobreviviera en el cambiante mundo de la política petrolera.

Para los poco sofisticados, el juego de la compra de compañías se veía como la simple estrategia de comprar un porcentaje pequeño de acciones de una compañía, luego anunciar una compra para que el valor de las acciones subiera, y vender esas acciones con grandes ganancias. Es el modo en que terminaban muchas adquisiciones. Pero no es todo tan simple. Pickens había apostado que podría comerse la ballena. Podría haber perdido Mesa, y aún cuando ganó millones de dólares, podría haber perdido otro tanto.

Las victorias de Pickens podrían compararse con las del Coronel Travis que comandó el Álamo, y persuadió a Santa Ana, que comandaba el ejército mexicano, de que había rodeado al Álamo, haciendo que se rindieran y entregaran no solo Texas, ¡sino México! Esto únicamente podía suceder si se tenía un plan brillante y una resolución casi sobrehumana ante la presión para seguir firme con el plan, hasta que Santa Ana creyera que de verdad estaba rodeado.

Las victorias de Pickens contra los grandes gigantes petroleros podrían compararse con la pequeña banda de Álamo que convenció a los gobernantes de España e Italia a pagarles millones, o harían lo mismo que habían hecho con Santa Ana.

Boone Pickens versus la industria petrolera, era el David moderno con su honda, atacando al gigante Goliat. No es solo que Goliat llevara armadura sino que, además tenía una lanza y un escudo. ¡David solo tendría un tiro, y debía acertar! La riqueza de la industria petrolera, su ejército de abogados, *lobbyistas*, su influencia con los jueces, los hacedores de leyes y la prensa, estaba en contra de Pickens, que parecía no tener nada más que un plan aparentemente ridículo. Cuando parecía que la industria petrolera estaba en su punto de máxima fortaleza, Pickens vio un punto débil, y con perfecta exactitud y manejo del tiempo tuvo el coraje de lanzar la piedra. ¡Nadie esperaba tal puntería!

Pickens se ve brillante hoy, pero si hubiera errado se le habría considerado estúpido. Al ir en busca del pez grande, debemos ser muy buenos y manejar muy bien el tiempo. Si podemos ver el punto débil, seremos brillantes. Pero si queremos ser capaces de aprovecharlo, deberemos tener coraje, capacidad y manejo del tiempo.

El coraje de la paciencia

Como dijimos antes, en Waterloo Napoleón presionó a Wellington todo el día hasta el límite. Una docena de veces pareció que todo estaba perdido para los aliados, pero el Duque no se inmutó siquiera una vez, ni entró en pánico al punto de usar su "as en la manga". Luego, cuando la famosa Guardia Vieja marchó al centro del campo para sellar la victoria de los franceses, con perfecto manejo del tiempo el regimiento del coronel Colborne emergió de en medio del sembrado de maíz, para convertir la aparentemente cierta derrota en una de las victorias más decisivas de la historia.

La paciencia de Wellington para hacer actuar al regimiento de Colborne requirió de extraodinario coraje para resistir a la presión una y otra vez, hasta que llegara el momento perfecto. Más de una docena de veces ese día su ejército estuvo al borde del colapso, hizo que sufriera la presión más extrema y requiriera el uso de su regimiento de reserva, pero resistió. Estaba decidido a no utilizarlas solo para salvarse de la derrota. La utilizaría para lograr la victoria. Como demostró perfectamente en esta batalla tan famosa, el coraje y la paciencia son hermanos.

Hasta que aprendamos a tener paciencia, nuestro manejo del tiempo en la vida no será bueno del todo. La verdadera paciencia no es falta de decisión; es la comprensión y el respeto por el manejo del tiempo. Este elemento separará a muchos ganadores de los perdedores.

Cuando uno va por la calle y ve que están cavando un cimiento, sabe que se construirá allí una casa o un edificio pequeño. Pero cuando uno da la vuelta a la esquina y ve que toda la cuadra está cercada por un enorme cerco, y que hay un enorme pozo donde los hombres utilizan sus taladros neumáticos hasta llegar a la roca, sabemos que se construirá una torre muy alta. Para obtener resultados verdaderamente buenos y duraderos, debemos construir nuestra empresa o emprendimiento del mismo modo.

Cuanta más paciencia tengamos en formar un cimiento, tanto más podremos construir sobre este. La paciencia, aparejada con el respeto por el manejo del tiempo, probablemente determine el grado de nuestro éxito o fracaso. Como dijera el notable psicólogo Carl Jung: "El apuro no es del diablo: ¡es el diablo mismo!" El diablo es el enemigo en las Escrituras, y el apuro quizá sea el peor enemigo que su empresa pueda llegar a tener.

El coraje de la decisión

La paciencia es fundamental para un buen manejo del tiempo, pero la decisión no es menos necesaria. El éxito se logra muchas veces del mismo modo en que un surfista atrapa una ola. Para poder atrapar la ola, el surfista debe saber diferenciar dónde romperá, y posicionarse allí. Luego, cuando llega la ola correcta, no puede dudar: si duda, la ola le pasará por encima.

Para poder aprovechar una oportunidad primero debemos discernir de dónde vendrá, y luego posicionarnos adecuadamente. Luego, cuando la oportunidad llega, debemos estar listos para actuar. Pocas personas esperarán tanto tiempo. Si ha llegado al punto de estar en el lugar indicado en el momento indicado, no deje que la duda mate sus posibilidades. ¡Vaya por ella!

Resumen

Este es un estudio somero de los principios básicos del liderazgo, el gerenciamiento y los cinco elementos esenciales para el éxito en cada uno de ellos. Hay muchos más, mucho más profundo, pero este breve estudio no puede dedicarse a presentar cada uno de estos temas con detenimiento.

La información provista aquí puede ser práctica y útil, pero mi intención primaria al presentar este libro es la de estimular el pensamiento y el estudio posterior. El verdadero liderazgo y el gerenciamiento de calidad son un estilo de vida, y no solo un curso breve y acelerado. Este estilo de vida requiere que afinemos continuamente nuestras habilidades y conocimientos. Cuando dejamos de hacerlo, nuestro liderazgo, gerenciamiento y nuestra vida entera, por cierto comenzará a retroceder.

Como dije al comienzo, no tengo las credenciales académicas para que se me considere un experto en ninguno de los temas presentados aquí. Simplemente tengo experiencia, buena y mala, que he intentado transmitir en un formato interesante a quienes buscan éxito con significado. Si este libro ha estimulado su deseo por un entendimiento más profundo de los temas aquí tratados, habrá cumplido su propósito.

RICK JOYNER

La antorcha y la espada es un llamado a vivir la aventura más grande para el propósito más noble. No es para el débil de corazón, sino para aquellos que desean vivir como verdaderos caballeros de la cruz, que rechazan retirarse frente a las grandes tinieblas de nuestro tiempo. Estos son los que profetizó Enoc, que vendrían con poder en los últimos días, y ahora se despiertan para cumplir su destino.

RICK JOYNER es pastor, fundador y director de *Morning Star Ministries*. Es autor de más de una docena de obras, entre ellas *Liderazgo, el poder de la creatividad*. Vive con su familia en Carolina del Norte, EE.UU.

w w w . e d i t o r i a l p e n i e l . c o m